Crónicas del Futuro Medio

Singularidad y Civilización

Indice

Pág

Prólogo

La sociedad actual denominada por algunos como sociedad posmoderna o sociedad global, ha alcanzado sin duda, el estatus de una auténtica culminación civilizatoria. El desarrollo tecnológico, junto a la progresión científica, culmina una progresiva tendencia hacia la unificación, delimitando un cuerpo teórico e investigador común, denominado por un creciente número de teóricos como "tecnociencia". Los avances constatables en las distintas especialidades científicas, tanto básicas como aplicadas, acercan cada vez más al ser humano a sus sueños ancestrales, que se extienden desde las antiguas quimeras alquímicas, como la inmortalidad, hasta la conquista de otros planetas.

Durante el transcurso de la evolución humana, se constata un momento irrepetible, concretamente, ubicado en el momento en que se produjo la adquisición de la inteligencia, que ha facultado al homo sapiens con dos capacidades presentes de modo indeleble, en todas las fases del progreso humano. La primera de ellas, es el pensamiento *simbólico* o abstracto. Además de posibilitar la formulación de hipótesis, sustrato indudable del conocimiento científico, ha convertido al ser humano en un organismo capaz de configurar una realidad, independiente de sus propias experiencias perceptivas y dibujada mediante el relato discursivo de terceros: la realidad construida. Las leyes y normativas propias de los gobiernos autoritarios, ya desde la Edad Media, han logrado implantar en el imaginario social, un síndrome denominado *indefensión aprendida*. Esta predisposición constante de abstracción social, se encuentra compuesta principalmente, por una percepción *determinista* de la historia, sumada a la firme y permanente creencia sobre el sentido *finalista* de la realidad y sobre todo, de la historia. Ambos parámetros, unidos y manipulados, por los *relatos* emanados de los poderes fácticos, han derivado en una actitud de inacción social, considerada como condición necesaria para el ejercicio del gobierno. Este hecho, se opone frontalmente a la exigible organización social, considerada por algunos teóricos sociales, como uno de los pilares básicos e indispensables, para la obtención de una sociedad equilibrada y equitativa.

La culminación civilizatoria actual, es producto pues de la interacción de cuatro tipos de singularidad: la "cosmológica", que desplaza su punto inicial a la formación del universo, seguida del comienzo de la vida orgánica o etapa "biológica" y con la adquisición del lenguaje complejo, junto al instinto grupal humano confirmaría el episodio "sociológico", anclado históricamente en la aparición de las primeras civilizaciones. El cuarto tipo de momento relevante, profetizado por los principales teóricos transhumanistas, cristalizaría en el momentos en que la sociedad se encontrara dominada por la inteligencia artificial. Este momento no ha llegado y con seguridad nunca lo hará, pero los inicios de esta tendencia ya han comenzado.

Sí una entidad inteligente, capacitada con las reglas primarias del análisis lógico y desde luego, no impregnada de la contaminación cultural humana, observase el transcurso evolutivo del ser inteligente, resaltaría hechos y tendencias actuales, absolutamente ilógicos y perjudiciales para su futuro, como la continuada degeneración de su propio planeta y el constante enfrentamiento polarizado entre países, así como también entre grupos, dentro de esas mismas naciones y estados. Una lucha plagada por la conducta de guerra, opuesta a la tendencia constructiva y necesaria, basada en la colaboración, o mejor, en la consideración de la *otredad* -la idea no mutilada del otro-, unida a la admisión y aprovechamiento de la diversidad que además de su legitimidad moral, ha demostrado su eficacia en la aportación de soluciones efectivas para problemas reales, según formulaciones matemáticas relativamente recientes. La negación de la diversidad biológica y cultural, increíblemente, permanece actualmente como uno de los obstáculos primarios para el progreso real, originando reacciones de oposición de carácter no únicamente social, sino y sobre todo, de conductas armadas e tendencias independentistas y separatistas.

Valencia, Enero de 2021

Capítulo I· Desde la Atalaya del Tiempo

> "El tiempo no es sino la corriente en la que estoy pescando"
> **Henry David Thoreau -Escritor y filósofo estadounidense-**
>
> "El reto está en el momento; el tiempo es siempre ahora"
> **James Baldwin -Escritor y activista estadounidense-**

Hace aproximadamente 100.000 años, en el Este de Etiopía hacía frío; la última glaciación hacía notar sus efectos finales. Un grupo de *homo habilis,* perteneciente a una de las tribus residentes, salió de caza siguiendo una rutina habitual, a la vez que obligada. Debía obtener una pieza grande, preferiblemente un *mamut* -antecesor del moderno elefante-, que pudiera satisfacer la alimentación de toda la tribu. Dirigido por Al Aar -el que protege-, la partida de caza estaba compuesta por una docena de individuos, algunos de ellos, parientes entre sí. El grupo confiaba en su líder; era fuerte, listo y experimentado. En el momento en que divisaron una manada de grandes mastodontes, se detuvieron y agacharon, formando un círculo para planear la estrategia a seguir. Para ello, utilizaron su incipiente lenguaje basado en gruñidos, que expresaban emociones básicas, pero también posibilitaba la proyección de distintas alternativas, acerca del comportamiento probable de la imponente manada de animales que debían seguir.

Dotados ya de una capacidad simbólica desarrollada, intentaron prever los posibles movimientos de las presas potenciales, como consecuencia de las tácticas habituales de acercamiento y persecución. Sabían que debían provocar una estampida en la manada, que aislara a algún miembro y detectarían de ese modo, los ejemplares más débiles, viejos o con algún tipo de defecto físico, que condicionaran un avance más lento del grupo de presas. Más que intuir, el grupo de cazadores, experimentaba la certeza de que estaba en juego su propia vida; las embestidas de un solo animal, podían terminar con una herida profunda y probablemente, con la muerte de uno o más miembros del grupo.

La escaramuza planeada constituyó un éxito. Uno de los ejemplares de la manada, más débil y lento, seguramente enfermo, se separó del resto y aunque se revolvió y embistió ferozmente, las redes y lanzas de los guerreros, que no superaban el 1,60 mts. de altura y de constitución menuda y delgada, hicieron su trabajo; capturaron la presa y la condujeron hacia su cueva, utilizando palos para el transporte, habiéndola despiezado previamente.

Durante el camino de vuelta, Al Aar imaginaba las consecuencias de aquel pequeño éxito. Primero comerían los guerreros puesto que debían mantenerse fuertes para continuar cazando. Después de ellos, su pareja que estaba preñada de su segundo hijo y también, el resto de de hembras en su misma situación, e inmediatamente después, el hombre que podía hablar con los muertos y que les ayudaba prediciendo el tiempo y los desastres que vendrían para así, poder prevenirlos. Los viejos y enfermos, deberían esperar; eran menos necesarios para la supervivencia del clan y además, algunos de ellos, morirían pronto. Además de todo esto, su prestigio como jefe, seguiría aumentando.

40.000 años más tarde, otro grupo tribal en el mismo territorio que sus predecesores, esta vez, compuesto ya por "homo erectus", se movía igualmente, siguiendo el rastro de posibles presas por la sabana. El viaje se prolongaba; el calor, el agotamiento y la sed, comenzaban a causar bajas en la tribu. Aunque ellos lógicamente desconocían el hecho, únicamente 10.000 miembros del genero "homo" seguían con vida en todo el continente africano; el más peligroso *cuello de botella*, producido desde el comienzo de los homínidos como raza.

En el preciso momento en que comenzaban a creer que su final se encontraba cerca, avistaron un nuevo fenómeno, que no habían visto nunca con anterioridad; una vasta extensión de agua delante de ellos. El Mar Muerto en aquella época, poseía una significativa menor profundidad que en la actualidad y también su extensión era mucho menor; la distancia entre África y Oriente Medio, resultaba por ese motivo, relativamente pequeña.

La tribu, al fin pudo descansar y acceder al agua dulce procedente de los pequeños manantiales, ubicados en los montículos cercanos; comieron raíces y plantas frescas. Esa situación no pudo mantenerse durante mucho tiempo; en un momento determinado, la tribu tuvo que enfrentar la decisión, acerca de cruzar la masa de agua que limitaba su migración. Mediante pruebas de ensayo y error, construyeron balsas de madera de suficiente dimensión y volumen, para transportar a una parte de los miembros del clan. En aquel momento, la facción más temerosa de la tribu, decidió seguir bordeando el litoral marítimo, sin atreverse a afrontar los riesgos evidentes que suponía un intento arriesgado y totalmente nuevo. De este modo, se produjo la primera escisión del grupo que poblaría el mundo: la primera y definitiva diáspora humana de la historia. Los miembros de la tribu más conservadores, llegarían al estrecho que separa Egipto y la actual Israel, cruzando a pié la franja de tierra que los separaba de Oriente Medio. La facción más arriesgada poblaría las islas de los océanos. Se han hallado restos humanoides, en gran grupo de islas, procedentes de lo que indudablemente constituyó una auténtica cultura marítima.

La división entre grupos más osados, opuestos a aquellos principalmente conservadores o temerosos, supone un hecho generalizado que se ha extendido a la sociedad actual. De igual manera, el reto originado por la necesidad de cruzar la superficie líquida, supone el comienzo de las aplicaciones *técnicas* que no pretecnológicas, ya que el conocimiento científico de los aparatos y herramientas, logradas por el ser humano, no tendría lugar hasta finales del siglo XIX. En efecto, el invento del telégrafo atribuido a Claude Chappe en 1794 y del teléfono por Alexander Graham, patentado en 1876, se produjeron sin la completa construcción del aparataje teórico de la ciencia física en la que se apoyaban.

La tercera escena relevante, como antecedente de la configuración del sistema social de nuestros días, se desarrolló en la cueva de Blombos, situada al Este de Suráfrica. Recientes descubrimientos arqueológicos, desafían las conclusiones ofrecidos por el registro fósil existente. Según parece, la mayor antigüedad de los huesos humanos encontrados en este enclave, sitúa el origen de los homínidos prehumanos en el Delta del Okabango, ubicado en Bostwana y no como se creía en Etiopía y Kenia. Este descubrimiento, establece la duda más que razonable, acerca de la posibilidad real de desplazamiento de los homínidos residentes en Etiopía hacia el Sur, hasta alcanzar el Este de Suráfrica, así como el trayecto contrario, desde el Sur al Noroeste africano. En otros términos, existieron distintos puntos de nacimiento y evolución de diferentes grupos de homínidos, distribuidos por todo el continente africano. Los teóricos más atrevidos, hablan de sucesivos nacimientos, contactos intergrupales, mezclas y numerosas desapariciones de razas.

El principal inconveniente para la aceptación de esta hipótesis, que supone el surgimiento prácticamente paralelo de más de dos especies de homínidos distintos, recae indudablemente, en el enfoque lineal y reduccionista, con el que la ciencia en general, y también la arqueología, describe y explica los hechos relevantes. De este modo, se abre la posibilidad cada vez mayormente aceptada, de que existieran distintas especies de homínidos, con sus consiguientes desapariciones y además de esto, se cruzaran entre ellos, como ha sido el caso de los "Neandertales" y los "Homo Sapiens".

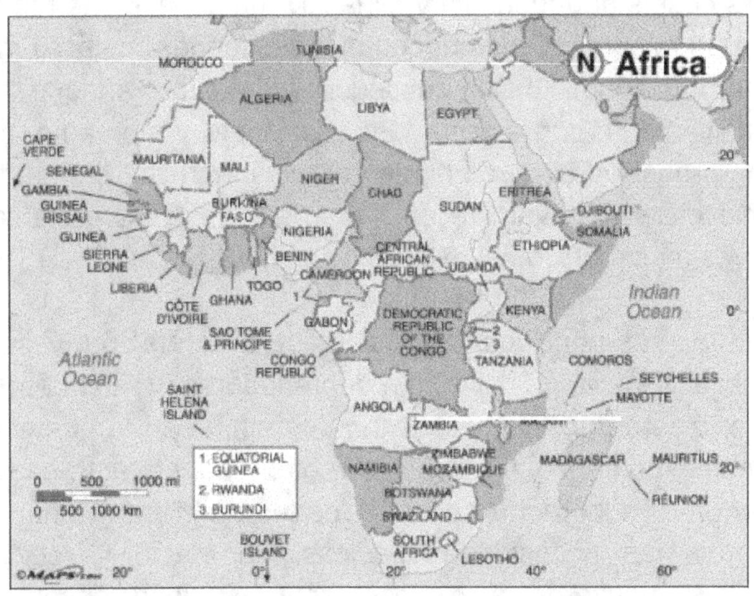

El registro fósil de la evolución humana, se enriquece progresivamente. El descubrimiento de antiguos fósiles en la cueva de Blombos, situada al este del continente africano, en la actual Suráfrica, descubre diversas razas y etnias prehumanas, la mayoría de las cuales se extinguieron pero que llegaron a cruzarse entre sí. Una visión más objetiva y menos reduccionista de un fenómeno complejo como la evolución humana. Fuente: Piqsels.com

La cueva de Blombos, ofreció a los cansados viajeros un entorno privilegiado. El análisis del ADN de los huesos encontrados, revela la ingesta de pescado; el alimento que les proporcionó las proteínas animales -lípidos grasos de cadena larga- necesarios para el continuo desarrollo de la estructura cerebral, es decir, pescaron y para ello, tuvieron que aprender a bucear. La utilización de las técnicas de "apnea", que indudablemente desarrollaron, persiste en la actualidad; los miembros de la tribu de los Bajau, que viven en las costas de Indonesia y Malasia, son capaces de resistir hasta 13 minutos debajo del agua y descender hasta 70 mts. de profundidad, para conseguir alimento, aunque no exclusivamente con este fin. En este punto y momento, con gran probabilidad, el "homo erectus" cruzó el umbral definitivo para convertirse en "homo sapiens"; las proteínas, una vez más, obraron el milagro evolutivo.

Cubiertas sus necesidades básicas de alimentación, vestido y cobijo seguro, a salvo de depredadores y ataques de potenciales grupos rivales, la tribu asentada en la cueva de Blombos, comenzó a desarrollar otro tipo de actividades, como predice la Teoría de Necesidades de Maslow; una vez cubiertas las necesidades básicas, de afecto y relación social, comenzaron a *representar* la realidad observada mediante pinturas en los muros de la cueva. Las imágenes fueron complementadas con signos, que representan el primer indicio detectado de escritura simbólica; pero no únicamente esto, con objeto de colorear las pinturas y posteriormente, embellecer su aspecto físico, obtuvieron el color *ocre* mediante el calentamiento del barro. A la consecución del color, siguieron la confección de piezas de huesos, que junto a corales y plantas, constituyeron los adornos colocados en cabeza, rostro y el resto del cuerpo. La finalidad de este tipo de ornamentación personal, parece destinada a evidenciar la aparición fórmulas de relación social, a la vez que la contribución al fomento del sentimiento de autoestima.

Las largas noches alrededor del fuego, facilitaron el tiempo para las conversaciones que narraban las aventuras diarias y con toda seguridad, surgieron las elucubraciones acerca del sentido de la experiencia, la naturaleza y la vida: había nacido la *tradición hablada*, base de la interpretación de la realidad en la prehistoria. Blombos, representa el inicio del *pensamiento mágico* y de la *cultura,* en su sentido literal.

La evolución humana ha resultado un fenómeno largo y complejo. La etapa que los homínidos pasaron en la cueva de Blombos, muestra su capacidad de adaptación y al mismo tiempo, la confirmación de la teoría de las necesidades básicas de Maslow. Únicamente procedieron a desarrollar aplicaciones técnicas como la confección del color ocre o artísticas como las pinturas rupestres, una vez aseguraron sus necesidades básicas como la alimentación continuada y un cobijo seguro, a salvo de los grandes depredadores. Fuente: Piqsels.com

La cultura se ha desarrollado con cierta independencia, del resto de poderes constitutivos del sistema social, salvo en circunstancias concretas, como las producidas en las naciones dominadas por un poder político *dictatorial,* sin importar el formato de éste, es decir, con independencia de que adopte una modalidad, estatal o personalizada. Así, el arte, la música, la poesía o la literatura en general, han contribuido históricamente a la riqueza y diversidad del clima social en todos los momentos y entramados grupales.

La interacción de las dimensiones del andamiaje cultural, determinaron ya en sus orígenes, el comportamiento futuro de la humanidad. El poder físico, incrementado por los avances de la técnica, en concreto por el descubrimiento de los metales -bronce, hierro y acero-, dotaron de armas a las tribus, convertidos después en ejércitos, para el ejercicio de la actividad más antigua y permanente de la raza humana: la conducta de guerra. Las creencias religiosas, protegieron conceptualmente el *imperialismo*, que como en el caso español y portugués, denominaron eufemísticamente, *evangelización,* al expolio de las riquezas de toda Sudamérica, incluido el exterminio de las razas indígenas. El *poder físico* ha sido incomprensiblemente desatendido por la antropología social en particular, y por la sociología en general, a pesar de constituir la versión primaria del ejercicio de *dominio* de unos seres humanos sobre otros, y derivado de esto, de la imposición violenta de grupos o naciones sobre el resto de pueblos.

La cueva de Blombos, ofreció a los cansados viajeros un entorno privilegiado. El análisis del ADN de los huesos encontrados, revela la ingesta de pescado; el alimento que les proporcionó las proteínas animales -lípidos grasos de cadena larga- necesarios para el continuo desarrollo de la estructura cerebral, es decir, pescaron y para ello, tuvieron que aprender a bucear. La utilización de las técnicas de "apnea", que indudablemente desarrollaron, persiste en la actualidad; los miembros de la tribu de los Bajau, que viven en las costas de Indonesia y Malasia, son capaces de resistir hasta 13 minutos debajo del agua y descender hasta 70 mts. de profundidad, para conseguir alimento, aunque no exclusivamente con este fin. En este punto y momento, con gran probabilidad, el "homo erectus" cruzó el umbral definitivo para convertirse en "homo sapiens"; las proteínas, una vez más, obraron el milagro evolutivo.

Cubiertas sus necesidades básicas de alimentación, vestido y cobijo seguro, a salvo de depredadores y ataques de potenciales grupos rivales, la tribu asentada en la cueva de Blombos, comenzó a desarrollar otro tipo de actividades, como predice la Teoría de Necesidades de Maslow; una vez cubiertas las necesidades básicas, de afecto y relación social, comenzaron a *representar* la realidad observada mediante pinturas en los muros de la cueva. Las imágenes fueron complementadas con signos, que representan el primer indicio detectado de escritura simbólica; pero no únicamente esto, con objeto de colorear las pinturas y posteriormente, embellecer su aspecto físico, obtuvieron el color *ocre* mediante el calentamiento del barro. A la consecución del color, siguieron la confección de piezas de huesos, que junto a corales y plantas, constituyeron los adornos colocados en cabeza, rostro y el resto del cuerpo. La finalidad de este tipo de ornamentación personal, parece destinada a evidenciar la aparición fórmulas de relación social, a la vez que la contribución al fomento del sentimiento de autoestima.

Las largas noches alrededor del fuego, facilitaron el tiempo para las conversaciones que narraban las aventuras diarias y con toda seguridad, surgieron las elucubraciones acerca del sentido de la experiencia, la naturaleza y la vida: había nacido la *tradición hablada*, base de la interpretación de la realidad en la prehistoria. Blombos, representa el inicio del *pensamiento mágico* y de la *cultura,* en su sentido literal.

La cultura se ha desarrollado con cierta independencia del resto de poderes constitutivos del sistema social, salvo en circunstancias concretas como las producidas en las naciones dominadas por un poder político *dictatorial* sin importar el formato de éste, es decir, con independencia de que adopte una modalidad, estatal o personalizada. Así, el arte, la música, la poesía o la literatura en general, han contribuido históricamente a la riqueza y diversidad del clima social en todos los momentos y sistemas sociales.

La interacción de las dimensiones del sistema cultural, determinaron ya en sus orígenes, el comportamiento futuro de la humanidad. El poder físico, incrementado por los avances de la técnica, en concreto por el descubrimiento de los metales -bronce, hierro y acero-, dotaron de armas a las tribus, convertidos después en ejércitos, para el ejercicio de la actividad más antigua y permanente de la raza humana: la conducta de guerra. Las creencias religiosas, protegieron conceptualmente el *imperialismo*, que como en el caso español y portugués, denominaron eufemísticamente, *evangelización,* al expolio de las riquezas de toda Sudamérica, incluido el exterminio de las razas indígenas. El *poder físico* ha sido incomprensiblemente desatendido por la antropología social en particular, y por la sociología en general, a pesar de constituir la versión primaria del ejercicio de *dominio* de unos seres humanos sobre otros, y derivado de esto, de la imposición violenta de grupos o naciones sobre el resto de pueblos.

Capítulo II· Las Singularidades

"Todo lo que no está prohibido es obligado"
Murray Gell-Man -Físico estadounidense-

"Es una verdad fundamental de la vida; la fortuna y la felicidad
de cada uno de nosotros dependen de nuestro conocimiento de las
reglas
de un juego infinitamente más complicado...
el oponente es inflexible pero nunca hace trampas"
Aldous Huxley -Filósofo y escritor británico-

El termino singularidad, remite automáticamente a la idea de unicidad, aparentemente ligada al azar. Esta asociación se produce implícitamente, pero conduce a una confusión peligrosa. La sociedad actual puede considerarse como producto de cuatro tipos de singularidad, regidas cada una de ellas por diferentes clases de leyes. Eso sí, todas ellas potencialmente explicadas y contenidas, en el esquema general de las *ciencias de la complejidad*.

Ciertamente, la sociedad posmoderna, como gusta ser denominada por una mayoría de teóricos sociales, representa una de las singularidades regida por el avance y desarrollo tecnológico. Todas ellas poseen en común, el rasgo de contar con el tiempo como telón de fondo, es decir, han evolucionado a partir de la singularidad anterior. El tiempo, entendido como la progresión en un único sentido, el avance lineal de los sucesos, de manera similar a como se percibe por la conciencia, tal y como lo describió Stephen Hawking, como una "flecha del tiempo" que fluye siempre hacia adelante. Los amantes de la ciencia ficción entre los que nos encontramos, sufrirán aquí una primera decepción. El viaje en el tiempo, se revela como una imposibilidad cosmológica. La poderosa macrofísica -los sucesos en el plano de los hechos vividos- precisa de un progreso constante en sentido continuo. Este axioma, -la progresión hacia adelante del paso del tiempo-, se constata especialmente en la primera de las singularidades, el inicio del Universo.

Las observaciones de Hubble en la década de los 50, se encuentran en el comienzo de la teoría del "big-bang", a partir de la constatación de que el universo se expande de forma continua y progresivamente acelerada. Las galaxias y las estrellas que las componen, se alejan y distancian unas de otras y cada vez, con mayor rapidez. La aplicación de la lógica elemental en una secuencia inversa, conduce inexorablemente a la suposición de la existencia de un momento inicial, un inicio de características difícilmente comprensibles. La aparición de un punto de un tamaño menor que un átomo y capaz de generar una energía hiperbólica, potencial causante de todo aquello que actualmente existe, así como también, de aquello que no se observa sino que es deducido teóricamente, como es el caso de la materia o energía oscura que al parecer forma más de las ¾ partes del universo.

El universo actúa *como si* su razón de ser fundamental, consistiera en expandirse y difundir energía. Ésta y no otra, es la conclusión de la que probablemente constituye la ecuación matemática más famosa de la historia científica, la fórmula de la relatividad general propuesta por Einstein, la cual, equipara en esencia, energía y materia. La propuesta que explica la formación de los cuerpos celestes, a partir de únicamente, los gases primitivos existentes, primero el *hidrógeno* y después su principal derivado, el *helio*.

La transformación de gases en materia, precisa de un gran motor de combustión que únicamente se encuentra en el núcleo de las grandes estrellas, con temperaturas superiores a los 5 millones de grados. De cualquier modo, el camino hasta el momento en que la explosión de las estrellas, dispersó los componentes básicos de la vida por todo el universo, fue largo y lento. Después de la explosión inicial, aproximadamente durante 100 millones de años, el universo se enfrió progresivamente. De forma rápida al principio, más lentamente después. Durante, los siguientes 500 millones de años siguientes, el panorama si se hubiera podido observar, fue aburrido, monótono y....muy oscuro.

Más o menos en ese momento, la *fuerza de la gravedad* comenzó a presionar los gases existentes, pero el calor derivado de la acción compresiva, impedía su efecto, actuando como freno y repeliendo, la tendencia de concreción gravitatoria. Finalmente, la gravedad consiguió convertir los gases existentes en una amalgama de estrellas, con gran probabilidad, todas ellas interconectadas entre sí.

La ausencia de materia en las nuevas estrellas, debió conferir un espectacular color azulado al universo, aproximadamente un millón de veces más luminoso, que el que actualmente puede contemplarse. Los compendios cosmológicos de gran masa, comenzaron a estallar en un momento dado, debido a la presión constante. En la segunda fase de agrupamiento estelar, las nuevas estrellas, contenían ya, el polvo espacial esparcido por la primera fase explosiva.

En ese momento, la concentración masiva produjo estrellas implosivas, esto es, con un núcleo caliente que comenzó a transformar los elementos primarios en materiales pesados que en un segundo momento, incluirían los componentes esenciales que determinan la estructura de la materia en cualquiera de sus formas, por ejemplo, aquella que configura la biología de los mamíferos terrestres, especialmente, carbono, nitrógeno, oxígeno y el hierro, presentes en la sangre de los homínidos. Si se admite este hecho, cualquier tipo de vida existente en el universo, sería una criatura con base de *carbono*. La fuerte estructura cúbica de esta molécula, actúa como el ladrillo básico para la construcción de armazones biológicos complejos.

La explosión de la segunda generación de estrellas, esparciría por todo el universo dichos componentes, que en teoría debieron llegar transportados por asteroides y grandes masas de materia, hasta los confines del espacio existente. Ésta es la premisa básica defendida por la "teoría de la panspermia", que afirma como axioma principal, que en todos aquello lugares en los que existan las condiciones idóneas, como agua líquida y temperatura adecuada, aparecerá la vida. El grado de complejidad alcanzado por los seres vivientes, constituye una cuestión de mayor calado. Debe diferenciarse entre los distintos niveles de vida orgánica que puedan existir en el cosmos; la vida inteligente con dominio de tecnología avanzada, en estos momentos, constituye más un convencimiento a la vez que un deseo, que una evidencia científica.

Ahora –a partir de los inicios del pasado siglo-, se conocen las leyes del comportamiento de la *física cuántica*, que debieron probablemente reinar, en el momento cero de la gran explosión inicial. Algunos teóricos, desacordes con la antiestética teoría del "big bang", prefieren considerar la opción del surgimiento de esa misma detonación, a partir de la nada. La analogía idónea que permite visionar esta conceptualmente incómoda propuesta, está representada por un mar en absoluta calma, contemplada desde la orilla de la playa por un observador casual. En un momento dado, en la lejanía, se observaría una variación en la superficie, debida a la tensión superficial existente en el agua, constituida por una ligera ola de espuma; en el universo de la nada absoluta, esa anomalía formaría por idénticas razones una *fluctuación cuántica*, que originaría igualmente una gran eclosión, pero regida por reglas distintas a las específicas para el big-bang en su modelo tradicional.

Las leyes básicas operativas en la mecánica cuántica, conceden a las partículas elementales -dentro del átomo-, la ocupación de cualquiera de las posiciones posibles, denominado "umbral de probabilidad". Sin la necesidad de profundizar en este punto, el comportamiento a escala atómica se revela distinto y en ocasiones, opuesto a la escala de la realidad macrofísica en la que se desarrolla la vida en el plano macroscópico, es decir, la vida tal y como la experimenta cualquier ser humano.

La experiencia cotidiana, muestra la existencia de dos opciones básicas para los hechos; ocurren o no -en lenguaje informático, estos estados se representan por 0 y 1-. Igualmente, los objetos se encuentran claramente diferenciados -se observan todos ellos en la realidad- y los sucesos suelen ocurrir espaciados en el tiempo y en determinadas ocasiones, el segundo es consecuencia del primero. Este comportamiento claro y simple de la materia, no existe en el plano atómico -micro-. Las partículas elementales, pueden moverse conjuntamente y fluir hacia adelante y hacia atrás...y al parecer, al mismo tiempo. En definitiva, pueden ocupar distintos espacios a la vez -superposición-. En el plano subatómico, existen todas las posibilidades de ocurrencia que se encuentran entre 0 y 1, en otras palabras, opciones de ser infinitas y ligadas entre sí.

Según las particularidades de la escala cuántica -exactamente la misma existente en el comienzo del universo-, se aduce con gran coherencia, la posibilidad de eclosión de un número prácticamente infinito de universos posibles, es decir, se hubiera producido un proceso continuo de espacios conectados entre sí, aunque ello no comporte el posible paso de uno a otro. Una gran parte de las estructuras físicas iniciadas -de universos posibles- hubieran explosionado a los milisegundos de nacer, debido a la ineficacia de las leyes físicas imperantes y por idéntico motivo, la gran mayoría de ellos no hubiera siquiera comenzado su existencia. Existirían un número infinito de espacios, ya que un número infinito restado de otro dígito también infinito, sigue siendo infinito; existiría un *multiverso* y no un único Universo; todos ellos cerrados e ilimitados aunque finitos, al igual que el espacio conocido. De este modo, la posibilidad ampliamente utilizada por la ficción de universos paralelos, en los que existen versiones de cada uno de los humano, con circunstancias distintas y variaciones resulta divertida, a la vez que posible, aunque poco probable.

La segunda de las singularidades significativas, en el camino recorrido hacia la situación presente, corresponde a la evolución *biológica*, es decir, a la aparición de la vida sobre la Tierra. La formación de la Tierra, conlleva ineludiblemente el devenir de la aparición de la vida. Uno de los ejes determinantes de la evolución terrestre, consiste en la aparición repetitiva de fenómenos naturales de dimensiones y consecuencias globales. Fundamentalmente, estos fenómenos naturales pueden agruparse en tres grandes categorías. La primera de ellas, continúa siendo una amenaza ante la que se pretende desarrollar medidas preventivas, representada por la probabilidad -más que simple posibilidad- de *impactos* de cuerpos estelares, provenientes de más allá de los límites del sistema solar. En segundo lugar, las *erupciones volcánicas*, muchas de ellas originadas por las colisiones derivadas de los movimientos de las placas tectónicas que se encuentran bajo la superficie terrestre. Sus consecuencias como, por ejemplo, la lluvia ácida, tuvieron en las etapas iniciales del planeta, efectos devastadores y prolongados. En último lugar, las *glaciaciones*, han mostrado repetidamente su importancia histórica, así como su génesis cíclica.

Las condiciones básicas para la aparición de la vida en la Tierra, requieren una triple exigencia. En primer lugar, un mar en calma que precisó a su vez, de un alejamiento suficiente de la Luna, que permitiera relajar su presión sobre las mareas y posibilitar la aparición de aguas tranquilas. En segundo lugar, la transformación del planeta, regido por un enfriamiento progresivo -se admiten hasta cinco fases distintas y sucesivas en la composición general- y por último, la progresiva formación de una atmósfera protectora, salvaguarda de las radiaciones solares tóxicas. Todo ello, a partir de un momento fijado en 4.500 millones de años, en que se formaron juntos, el planeta y su satélite.

La visión sobre el surgimiento de la vida orgánica en el planeta, presenta distintas versiones teóricas, aunque todas son variaciones de una misma sonata general. En ellas, se concede una relevancia diferencial al papel de los impactos de los meteoros y la complejidad de los materiales genéticos, transportados en ellos. La versión más avanzada, considera que el bombardeo sideral, suministró los *minerales* que contienen los componentes básicos de la vida. En un momento posterior, serían engullidos por las masas de agua oceánica. Igualmente, este planteamiento considera que los asteroides aportaron *hielo* y de igual modo, los *aminoácidos* esenciales para la formación de las proteínas. Se trata pues, de la partida de la evolución de la vida, a partir de una estructura -los aminoácidos- muy avanzada en la estructura total del edificio biológico. Con posterioridad, ya dentro de las grandes masas marinas, tuvo lugar el *segundo* ciclo vital consistente en la formación de proteínas, a partir de los aminoácidos iniciales, formando *células* primarias.

Una visión algo más compleja, resalta la participación de las bacterias terrestres, en la formación activa de la capa atmosférica. Según este enfoque, las aguas en movimiento impetuoso hasta un momento determinado, iniciaron una progresiva retirada, dejando en una superficie terrena ya visible, pequeños *mares* de aguas poco profundas, con una apreciable tranquilidad superficial. Igualmente, durante ese itinerario de retirada, depositaron en la superficie arcillosa de la superficie, los materiales esenciales para la formación de grandes alfombras *microbianas,* de aspecto verdoso. Las *bacterias* existentes en esas enormes superficies, se extinguieron en su mayoría. No obstante, algunas de ellas transformaron el agua, liberando un veneno, hasta entonces desconocido en la superficie terrestre: el *oxígeno.* Otras, sin embargo, formaron grandes comunidades, contenidas en los *estromatolitos,* que descansaban en la superficie *arcillosa* de la Tierra. Estas células primarias, comenzaron su interacción con el agua y se produjo, en ese punto concreto, el procesamiento de *la energía solar.* El resultado de esta transformación fue doble. De un lado, el oxígeno se incorporó a la *atmósfera* terrestre y de otro, las *cianobacterias* mediante la gestación de la energía solar en la *fotosíntesis,* se convirtieron en los antecedentes directos de las plantas.

Sin detallar en exceso, las erupciones volcánicas produjeron dos gases básicos para la formación de la capa atmosférica protectora, el *dióxido de carbono* y el *metano.* El enfriamiento del clima, produjo la condensación de las moléculas del gas y del agua para formar las nubes de lluvia. La producción de *alcoholes* a partir de ese principio, resulta una reacción química sencilla y de ahí, la conocida secuencia de conversión de alcoholes en *azucares* y *almidones*, compuestos básicos de los *aminoácidos* y *oligoelementos*. Estos formarían los ladrillos esenciales de la vida, las *proteínas*, piezas básicas de la configuración celular.

Estos auténticos basamentos vitales, se especializarían progresivamente, comenzando sin un núcleo caracterizado y aumentando de tamaño y complejidad. Algunas de ellas, permanecerían en ese estado formando *algas* y germinando en vida vegetal. Otras concentrarían *energía* en un centro definido, un *núcleo,* continuando el incremento en la adquiriendo la complejidad suficiente para la producción de una *membrana,* aislante del entorno. Además, se produjo la separación de células *procariotas* y *eucariotas*, es decir, sin núcleo delimitado y con uno claramente activo y visible.

También entre estas últimas células, existirían variaciones. Algunas de ellas, permanecerían en un estado que permitiera la *semiósmosis* de elementos del entorno a través de su membrana, mientras que otras no debieron adoptar esta opción, como elemento clave en su supervivencia. En resumen, las células pudieron surgir y además paralelamente, en el agua como en los silicatos, decantados por las precipitaciones lluviosas, sobre la superficie de la Tierra. En el suelo gris, se generaron *bacterias* -la vida a partir del barro según el lenguaje e imagen bíblicos-. Desde este enfoque, hace 3,4 millones de años, la actividad volcánica del interior del planeta convirtió la superficie terrestre en un manto grisáceo, debido a la presencia predominante del *granito*. Hace 2,5 millones de años, se formaron los *protocontinentes*.

La tendencia de los componentes hacia la formación de estructuras de mayor grado de complejidad, referida anteriormente, resulta bien conocida. Específicamente en la formación de la vida orgánica, existe una secuencia básica que en ocasiones, se relata como un credo vital. El oxígeno junto con el hidrógeno forman el *agua*; el hidrógeno y el nitrógeno componen el *amoniaco*; el carbono, oxígeno e hidrógeno, precipitan en *alcohol,* componente básico de los *aminoácidos* y éste a su vez, se revela como el elemento primario en la constitución de las *proteínas*. De nuevo, debido al enfriamiento progresivo del clima, el silicio, el oxígeno y el hierro al asociarse, conformaron el primero de los elementos sólidos, los *silicatos*.

Quedaría por describir, la secuencia de aparición de las estructuras genéticas, básicas para la *transmisión* de la vida, es decir, de los "ácidos nucleicos". La atmósfera se encontraría compuesta en ese momento, por hidrógeno, metano, amoniaco, vapor de agua y ácido carbónico. En la lluvia descargada, estaban presentes los *aminoácidos* y ácidos grados, precursores de los lípidos. El capítulo determinante para la evolución de genética de la vida, se encuentra escrito aquí, en este punto concreto. Dos moléculas específicas, el *formaldehido* y el *ácido cianhídrico*, sometidos a los rayos ultravioleta del Sol, se convirtieron en *dos* de las cuatro bases constitutivas de la molécula del ADN, portador de la información genética base de la herencia. Agrupándose posteriormente, formarían las *proteínas*.

Los aminoácidos nacidos del manto arcilloso, generaron una *membrana* que protegió las formaciones celulares del exterior, permitiendo su aislamiento. Se produjo así, uno de los hechos sustantivos que posteriormente se perfeccionaría, en la medida en que evolucionaron las formas iniciales de vida, mediante la adquisición de un tamaño superior con estructuras funcionales más especializadas. Las proteínas, por medio de la *transcatálisis* crearon los *ácidos nucleicos*. El ADN o *base estructural* y el ARN *o aminoácido mensajero*, transmisor de la información genética que permitió la *reproducción* celular. La célula resulta pues, el elemento básico en la construcción de cualquier tipo de vida.

En fases muy posteriores, algunas de las estructura celulares ya formadas salieron del mar, principalmente de pequeños mares poco profundos, continuando el proceso de variaciones continuadas. Un número reducido de ellos regresaron al elemento líquido, que ya formaba grandes masas oceánicas, permitiendo con el paso del tiempo, la presencia conjunta en las aguas de *mamíferos* y *peces*, gracias a un proceso de *evolución convergente*. Las erupciones volcánicas, provocaron la desaparición del hielo en la superficie terrestre y consiguientemente, la eclosión de *oxígeno* condujo a la explosión *cámbrica*, con numerosos géneros de vida vegetal, la primera en existir en el horizonte temporal. Algunas de estas especies se desarrollaron, mientras que las menos adaptadas desaparecieron.

Una de las conclusiones de mayor peso filosófico, descansa en el hecho de que el gran proceso de elaboración cósmica de los elementos básicos de la vida, se generó en los núcleos de las estrellas. En un segundo momento, el bombardeo de asteroides y meteoritos, aportó los átomos básicos de los principales elementos vitales, del tamaño de un *micrón* -una milésima de milímetro-. La concepción del hombre como un *producto estelar*, descansa en la observación de la presencia en el cuerpo humano de elementos más pesados que el hidrógeno, como por ejemplo, el *hierro,* existente en la hemoglobina de la sangre. El ser humano fue en su origen, polvo estelar. Puede que ésta sea la visión que desembocó en una frase, repetidamente por muchos astrobiólogos, físicos y astrónomos: "cuando el hombre contempla el Universo, ve tanto su pasado como su futuro".

Una de las reglas de la evolución de la materia, ya apuntada, consiste en tendencia al incremento de la complejidad. Esta regla funcionó ininterrumpidamente, hasta el momento de originar la estructura más perfeccionada del universo conocido, consistente en el neurocerebro humano, junto con el resto de los sistemas corporales. No obstante, el desarrollo de las *ciencias de la complejidad*, suscita una cuestión básica que hubo que resolver previamente, y que aún hoy, plantea discusión. Se refiere a la aparente vulneración de las leyes de la Termodinámica, desarrolladas en su mayor parte por Carnot, a principio del pasado siglo.

En concreto, la cuestión esencial se centra en la aparente violación de la segunda y tercera ley, referidas especialmente a la aparición de la *entropía* en cualquier cambio o evolución de un sistema, al utilizar o consumir energía. Por ejemplo, el gas que produce el tubo de escape de automóvil -excedente no utilizado- al consumir el carburante que le propulsa -trabajo-. En todas las ocasiones, el excedente del trabajo es expulsado al medio externo. En el caso de la Tierra, el exceso de la energía procedente del Sol sería expulsado al espacio, de no ser por la superficie de la atmósfera que "atrapa" el calor.

Según las leyes de la entropía, por definición, cualquier sistema complejo tiende al desorden. Éste es un hecho que conoce todo aquel encargado del cuidado de su hogar; en el mismo momento de finalizar la limpieza, la casa comienza a llenarse de polvo, es decir, a desordenarse. Este principio posee un grado de aplicación tan generalizada, que resulta aplicable a cualquier sistema físico, ya sea el motor del automóvil anteriormente citado o el mismo cuerpo humano. Con posterioridad al consumo de la energía necesaria para su funcionamiento, cualquier estructura más o menos organizada produce deshechos que son expulsados del sistema. Ésta es la esencia de uno de los problemas de la civilización industrial: los vertidos perjudiciales para el medio ambiente, consecuentes a la actividad productiva.

De otro lado, si un mazo de cartas perfectamente ordenado, se tira una y otra vez sobre una mesa, al cabo de un número indefinido de repeticiones, el orden inicial existente habrá desaparecido por completo. El mismo efecto se aprecia, en las ciudades o los monumentos históricos; decaen, se deterioran y es necesaria su conservación y rehabilitación. Si estas leyes poseen aplicación universal, entonces ¿cómo es posible que la materia orgánica, en vez de desorganizarse haya mostrado una constatable evolución, presidida por una mayor eficacia, complejidad organizada y funcionalidad? ¿Por qué motivo, el universo en su totalidad y en especial la Tierra, han mostrado un progreso continuo hacia el orden?.

La explicación más convincente, fue ofrecida por el belga Ilya Prigogine, premio nobel de física, a finales de la década de los años 80 del pasado siglo. Algunos puntos de las estructuras físicas, muestran un proceso de *nucleación*, es decir, debido a un rasgo potencial determinado, son capaces de agrupar suficientes recursos energéticos externos, para su desarrollo funcional permanente. Y no solo eso, incrementan continuamente su desarrollo, desechando o externalizando los residuos producidos en ese proceso. Son denominados por este motivo, *estructuras disipativas*.

El resultado más significativo de este proceso de creciente complejidad, se ha observado indudablemente en el *homo sapiens* y especialmente, en la formación del *neurocerebro*. Merece resaltarse en este punto, que la mayoría de científicos actuales opinan que las dos teorías de mayor grado de aceptación en la historia de la ciencia, son aquellas que basan esta conclusión; las *leyes de la termodinámica* y la *teoría de la evolución*. Podría afirmarse pues, que la naturaleza ha producido una estructura de potencialidades y dimensiones, similares al mismo universo conocido y capaz de desarrollar una función, como es la *conciencia* o inteligencia intencional, que permite al ser humano el dominio de la propia naturaleza que le confirió carta de legitimidad.

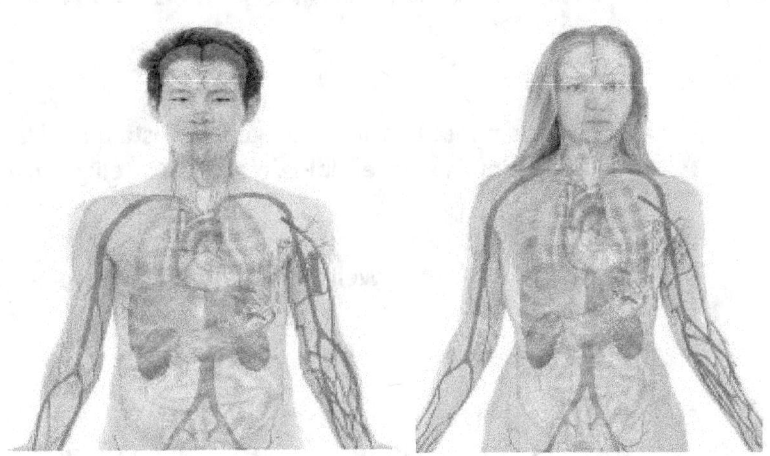

La evolución de la vida a partir de componentes esenciales como las moléculas primarias aportadas por el bombardeo estelar, aunque contando con la necesaria oportunidad de la conformación de una atmósfera y las condiciones de temperatura necesarias en el conjunto del planeta. La tendencia universal de incremento progresivo de la complejidad presente en la totalidad de las estructuras vivientes parece constituir la esencia misma de la existencia de uno de los universos posibles en el que se ha desarrollado la vida inteligente. Fuente: Piqsels.com

Capítulo III· La Evolución Cultural

"La Naturaleza nunca busca la inteligencia hasta que el hábito y
el instinto son inservibles. No existe inteligencia donde
no hay necesidad de cambio"

H. G. Wells -Historiador y filósofo británico-

La tercera de las complejidades a resaltar -sumadas a la
cosmológica y la biológica-, se refiere a la *singularidad
sociológica*, es decir, a la aparición de las primeras grandes
congregaciones humanas, constituyentes de las antiguas
civilizaciones. Aproximadamente 48.000 años después de
que el homo sapiens cruzara el Mar Muerto, llegó como
primer destino al actual Oriente Medio. La riqueza de la tierra
ubicada entre dos ríos -Tigris y Éufrates-, posibilitó la
aparición de la agricultura; la primera fase de la civilización.
El ser humano hace unos 12.000 años, dejó de perseguir
presas animales para cultivar la tierra, convirtiéndose de este
modo en sedentario como consecuencia directa de su
transformación en agricultor.

El cambio se produjo gradualmente; un día una de las
mujeres de una tribu residente en la zona, descubrió con
gran sorpresa, el florecimiento de una planta en un lugar en
el que antes no existía. Había llovido unos días antes y

probablemente -como luego entendió- cayó al suelo una pequeña porción de la comida que había ido a recolectar al bosque cercano. Esa franja de tierra se denominaría posteriormente el "creciente fértil", extendiéndose entre dos mares, el Mediterráneo y el Egeo, formando una franja de Oeste a Este, que cruzaba todo el actual golfo Pérsico. La misma tierra que luego la Biblia en multitud de pasajes, describió como la gran promesa de Dios al pueblo hebreo: "Os conduciré a una tierra en la que sus árboles producen leche y miel" (Éxodo, 3:17).

La primera gran civilización se estableció en una generosa zona fértil. Ubicada entre dos grandes ríos, el Tigris y el Éufrates, se extiende por parte de las actuales Irak, Turquía y Siria, lugares en los que vivían las antiguas tribus de Acadios, Asirios y Sumerios Fuente: Piqsels.com

Esta zona geográfica privilegiada, permitió al grupo étnico primitivo, el progreso económico, convirtiéndose más tarde, en un enclave fundamental para la formación de las rutas comerciales como la Ruta de la Seda, procedente de Oriente hacia Europa. En el años 593 a. C., Babilonia era en la ciudad más grande y hermosa del mundo. En el centro de este triángulo, se encuentra el actual *Irán*, sede del poderoso e histórico imperio persa.

Las primeras culturas se desarrollaron en torno al Mar Egeo. Creta fue famosa por su alfarería y por aportar uno de los primeros mitos legendarios -el Minotauro- pero sobre todo, su gran aportación consiste en la conquista de la isla de Minos , como también en la transmisión de una sólida base cultural a la civilización prehelénica, formada por las tribus dórica y jónica. De ese modo, la práctica totalidad de los hechos históricos relevantes tuvieron en este punto geográfico, su enclave y desarrollo, desde la guerra entre Troya y Esparta, hasta el primer gran imperio de la historia liderado por Alejandro Magno, pasando por la invasión del Imperio Persa a Grecia y su guerra con Esparta. Todas estas gestas, han sido representados por grandes obras de cine clásico.

La cultura *sumeria* de Babilonia aportó la escritura *pictográfica,* descubierta en la ciudad de Kish, en Irán, 3.500 años a. C. La aparición de la escritura, permitió el registro permanente y por ende, la *acumulación de conocimientos*, una vía alternativa a la *tradición oral* existente hasta ese momento, que había constituido el único canal de transmisión de vivencias y experiencias de los grupos humanos. La escritura, constituyó el punto punto fundamental de arranque de la *cultura,* considerada en sentido estricto.

Uno de los parámetros históricos determinantes de esa época, se centra en el paso de la civilización de Oriente a Occidente. Se constata definitivamente el surgimiento de las *grandes* civilizaciones, Egipto, Mesopotamia, China, Irán y Fenicia y consecuentemente, de los sucesos determinantes para el futuro humano, producidos en el seno de cada una de ellas. El imperio Romano, se convertiría en heredero y sucesor de la gran civilización griega, imponiendo en el mundo civilizado una larga era de paz y progreso, aunque no exenta de guerras necesarias para las nuevas conquistas de territorios. La decadencia y desaparición del imperio romano de Occidente y posteriormente, de Oriente -Imperio Bizantino- en 1453, sumió a Europa en la denominada "edad oscura". La edad Media comenzó por ese motivo.

Se produjo con la emergencia de las grandes culturas, la denominada "evolución cultural" o segunda evolución. Se trata de la coevolución "gen-cultura", es decir, la conducta humana actual resulta del producto o interacción, entre la evolución genética y la cultura. Esta última, ha generado una velocidad del progreso en forma exponencial, comparada con la desarrollo biológico. El autor que promulgó esta teoría, fue Donald T. Campbell en la década de los 60, con sucesivas modificaciones y ampliaciones hasta los 80´.

En la base de este enfoque, se encuentra el supuesto de que la cultura evoluciona en sí misma, produciendo o mejor permitiendo, nuevos hitos adaptativos. Por ejemplo, la domesticación de plantas y animales, influyeron directamente en el bienestar de las poblaciones. En la medida en que la interrelación entre genes y nuevos conocimientos resulta indudable, también parece factible, que la adquisición de nuevas potencialidades cognitivas, afecte directamente a la composición celular. En este sentido, Richard Dawking publicó en 1976, un best-seller titulado "El gen egoísta", defendiendo exactamente esta misma tesis. En este mismo año, los genetistas Marcus Feldman y Luigi Luca Cavalli-Sforza, desarrollaron los primeros modelos matemáticos, que basarían gran parte del estudio y la investigación posterior en este novedoso campo del conocimiento; la coevolución o evolución dual.

La sociedad actual es producto de la acumulación de una serie de cuatro tipos distintos de singularidad. En primer lugar, denominamos singularidad cosmológica al surgimiento del universo y la formación de galaxias y estrellas. Posteriormente, surgiría la vida compleja sobre la Tierra, producto de numerosos factores combinados, es decir, se produjo una singularidad biológica. El ser humano, en su evolución y debido al desarrollo del lenguaje complejo y su naturaleza social, se agrupó en grandes ciudades, una tendencia que no ha cesado hasta el momento actual, configurando una singularidad sociológica. El devenir de la historia ha conducido a la civilización humana al momento actual, definido por algunos teóricos sociales como la singularidad tecnológica. Fuente: Elaboración propia.

Analizando someramente desde una óptica secuencial, los sucesos relevantes registrados a partir del comienzo del Universo conocido, surge la tesis inevitable que describe la civilización actual, como resultado de la adición de cuatro tipos de de particularidades de carácter irrepetible. Así, la eclosión cosmológica facilitó la aparición de la vida inteligente, es decir, de ella emergió la excepcionalidad *biológica*. El rasgo social de los humanos, les condujo al comienzo de una tendencia que persiste hoy en día, consistente en la congregación en grandes núcleos urbanos; ésta sería la tercera peculiaridad sustantiva o *innovación sociológica*.

Finalmente, la sociedad actual, en opinión de una gran cantidad de teóricos sociales, puede definirse, no sin un acalorado debate, inmersa en una *singularidad tecnológica*, que debido a sus determinantes parámetros, se analizará en el capítulo XIII.

Capítulo IV· La Aparición del Conflicto

"La manera como se presentan las cosas no es la manera como son; y si las cosas fueran como se presentan, la ciencia entera sobraría"

Karl Marx -Economista y sociólogo ruso-

La evolución humana, tal y como es aceptada mayoritariamente en la actualidad, se produjo debido a la confluencia de una serie de hechos significativos. El homo sapiens, surgió a partir de un tronco o ancestro primigenio, común a todos los seres vivos. Con los peligros que comporta la excesiva simplificación, la existencia en los primeros homínidos, de un "pulgar oponible", capaz de dotar de *prensibilidad* a los antepasados directos del homo sapiens, el caminar bípedo y la ingestión de proteínas animales, se combinaron para la transformación del órgano rector del comportamiento, el neurocerebro en una auténtica maquinaria adaptativa.

El surgimiento de la inteligencia, se caracteriza por la aparición de dos puntas de lanza en el escenario adaptativo como son el *pensamiento abstracto y* el *lenguaje estructurado,* dibujan la realidad actual. Probablemente, la prestación de mayor funcionalidad del pensamiento complejo, resida en la posibilidad de *proyección* de escenarios posibles, a partir de las experiencias vividas. El abanico de estas proyecciones potenciales, es percibido por el ser inteligente,de forma simultánea; por ejemplo, observando un paraje desértico, cualquier persona es capaz de percibir la realidad opuesta, un oasis repleto de agua fresca y apetitosa fruta, así como el modo o mejor, las distintas formas de acceder al mismo. Puede apropiarse de un bien mediante la violencia, cultivarlo junto a sus conciudadanos o elegir alternativas viables, como el descubrimiento de fuentes lejanas de agua y su canalización hacia su lugar de residencia. Después, es capaz de delimitar áreas de cultivo, destinadas a la producción de alimentos.

Sin embargo, esta imagen asociado no es más que una representación benévola, típicamente asociada a la evolución humana. En realidad, el proceso evolutivo,ha meritado la supervivencia del sujeto más apto, así como también de las distintas sociedades en las que se ha agrupado, desde hace aproximadamente 4000 años. Los auténticos sujetos de la historia, son las civilizaciones.

Expuesto de forma simple y comprensible, la superposición de las esferas instintiva y racional propias del ser humano, ha generado en el individuo moderno un auténtico *conflicto adaptativo* y en consecuencia, *civilizatorio*. La sencilla pregunta acerca del del comportamiento social o altruista de la gran mayoría de los individuos, frente a la clara minoría pero poderosa, de aquellos sujetos que presentan una conducta general, presidida por el egoísmo y con claro tinte antisocial, resulta una ley general que define a la totalidad de la población mundial. Esta dicotomía claramente constatable en la actualidad, plantea interrogantes de vital importancia, decisivos para la clase de sociedades existentes. La cuestión central en la sociología acerca de su causa real, ha sido explicada mediante enfoques simplistas, falaces y sobre todo, inoperantes y carentes de eficacia práctica, en cuanto a su posible manejo.

En definitiva, la cuestión esencial se plantea del siguiente modo: ¿cuál es el motivo de que una gran mayoría de personas, actúan valorando el bienestar de los demás, mientras que una considerable minoría de sujetos, muestran conductas egoístas o antisociales? ¿Es la polarización social un rasgo inherente a la naturaleza humana como pretenden una serie importante de teóricos sociales?.

La evolución humana se construyó sobre el andamiaje emocional existente en los mamíferos superiores. Su conducta obedece a las pulsiones internas dirigidas a la satisfacción de sus necesidades básicas. De otro lado, la influencia de las normas imperantes en la manada, actúan como segundo determinante de la conducta individual. La aparición del pensamiento abstracto en el ser humano, parece constituir un salto cualitativo, deficientemente resuelto por la naturaleza. Fuente: Elaboración propia.

El motivo de plantear el interrogante en términos tan elementales, puede considerarse un dilema simplista, por cuanto la respuesta ante un fenómeno complicado, siempre resulta compleja y por tanto, multideterminada por distintos factores de un grado diferencial de influencia en el resultado final. Pero antes de pasar al análisis de las posibles respuestas, conviene resaltar que la delimitación de los factores intervinientes en este dilema aparente, se consideran los auténticos ejes determinantes de las sociedades, tanto presentes como futuras. Expresado alternativamente, la sociedad del futuro, puede presentar un rostro deprimido y desigual o al contrario, convertirse en un modelo de sociedad abierta, inclusiva y cercana a la utopía. La elección del modelo, debería corresponder esencialmente, a la elección de la generación actual de ciudadanos del mundo occidental; una opción delimitante de futuro, a la que la gran mayoría de individuos parecen renunciar. Ascendiendo un peldaño más, los medios instrumentales, el diseño conceptual y los elementos componentes de ambas opciones de futuro, se encuentran definidos claramente, en el vasto arsenal que constituye el conocimiento humano actual.

Las explicaciones a la polarización de actitud frente al "otro", fundamentalmente, ante el diverso o diferente, han sido ofrecidas desde distintas disciplinas científicas. Una de ellas es la "Psicología Experimental". En 1961, el psicólogo de la Universidad de Yale, Stangley Milgram, se encontraba perplejo al examinar los resultados del juicio celebrado en Israel a Adolf Eichmann, uno de los principales responsables del Holocausto judío, durante la segunda guerra mundial. Eichmann, intentaba escudarse en el hecho de que únicamente, obedecía órdenes de sus superiores jerárquicos, al igual que hicieron la totalidad de los nazis juzgados en Nüremberg; en el ámbito militar, la desobediencia de una orden directa proveniente de un superior, es motivo de sanciones ejemplares, dictadas en un consejo de guerra.

Milgram, diseñó una serie de experimentos, para descubrir el límite en que un ser humano elegido al azar, puede obedecer las órdenes recibidas de un superior, sin plantearse la moral inherente en esas mismas instrucciones. Diseñó una situación en la cual, los participantes debían apretar un botón que provocaba una descarga eléctrica, cada vez que otro participante fallaba la respuesta a una pregunta. Además, la intensidad de la descarga, se incrementaba con cada error. El sujeto que debía apretar el botón, desconocía que el individuo que teóricamente recibía las descargas, en realidad estaba actuando y no sufría dolor ninguno.

A pesar de que el sujeto receptor de las descargas gritaba cada vez más, como parte del experimento, el 65% de los participantes llegaba a infligir el máximo grado de dolor y sólo el 35% paró antes de llegar a este nivel. Muchos de los sujetos de experimentación, seguían aplicando las descargas a pesar de mostrarse nerviosos, agitados e incluso enfadados, obedeciendo a un experimentador que les pedía que siguieran, con frases como "por favor, continúe" e incluso "no tiene otra opción, debe continuar". Según las conclusiones de Milgram, "personas comunes, que simplemente hacen su trabajo y sin ninguna hostilidad por su parte, pueden formar parte de un proceso destructivo terrible", al no disponer de "los recursos necesarios para resistir la autoridad".

En esta misma línea de resultados, el psiquiatra Charles K. Holfing, en 1966 realizó un conocido experimento en el ámbito hospitalario, en el que médicos desconocidos pidieron a enfermeras que administraran dosis peligrosas de un medicamento ficticio a sus pacientes. Aun sabiendo que su actuación podía ser letal, 21 de las 22 enfermeras habían obedecido órdenes.

Estos experimentos, demuestran todos ellos por inferencia estadística, una clara tendencia general de la población hacia la obediencia ciega a la autoridad. Otra serie de situaciones experimentales, han sido realizadas con el objetivo de delimitar los distintos componentes habituales del comportamiento. Parecen demostrar la existencia de prejuicios, respecto a los demás individuos, sobre todo, a aquellos que son diferentes. En ese sentido, la clásica sentencia manejada en el acervo cultural común, que reza que "el poder corrompe" fue demostrada por el psicólogo de la universidad de Stanford. Durante el experimento, los sujetos participantes que adoptaban el papel de vigilantes, aplicaron castigos físicos y tortura psicológica, ante los más leves disturbios causados por el resto de individuos. Igualmente, Muzafer Sherif en 1954 y Jane Elliot en 1968, mostraron con claridad, la existencia de *prejuicios* fuertemente implantados en el comportamiento habitual, muy alejados del análisis racional, referentes a los estereotipos racistas y xenófobos. Del mismo modo, una conclusión extensible a toda la serie de experimentos concluía que "una vez dentro, los comportamientos fascistas parecen más aceptables".

Numerosos críticos y teóricos sociales, mantienen la tesis de que el homo sapiens, puede definirse como un mamífero superior, transformado por la adquisición del pensamiento abstracto, pero con idénticos instintos y en definitiva, comportamientos que sus parientes mamíferos. Una de las consecuencias más significativas de la aparición en la evolución de la especie humana de la función inteligente, ha derivado en el *incremento* de las necesidades consideradas básicas, que originalmente se limitaban al alimento, el cobijo y el afecto social. El análisis racional superior del humano, ha permitido la aparición de las necesidades *adquiridas*, entre las cuales se encuentra, la pertenencia a grupos *no naturales*, denominados *grupos de referencia*.

En los grupos de mamíferos sociales, no existen las conductas de anexión a otros grupos, que no sean la manada o la familia. En cambio, en los grupos humanos, surge la conducta *aspiracional*, es decir, el deseo de pertenencia a grupos de mayor prestigio y/o riqueza. Resulta una afirmación obvia, que el incremento significativo del abanico de necesidades adquiridas o artificiales, como por ejemplo, derechos, productos o servicios, constituyen claras oportunidades de negocio, en la sociedad capitalista moderna.

Las bases de este supuesto teórico, es decir, que el homo sapiens moderno, resulta en una adición de capacidades, más que evolución cualitativa de su esencia, se deben a la aportación de distintos teóricos. La cuestión en análisis, expresada alternativamente, se concreta en que el ser humano moderno es una extensión de sus hermanos mamíferos, una progresión lineal y no representa un verdadero salto cualitativo en la evolución, considerado en *estricto senso*.

Probablemente, el dato de mayor peso y significación en este punto, se encuentra en el experimento realizado por el denominado "padre de la etología", Konrad Lorenz, premio nobel de medicina en 1973. Además del concepto de "impronta" o relación de dependencia de los animales desde su nacimiento, con el primer objeto en movimiento con el que se relacionan, Lorenz llevó a cabo numerosos experimentos adicionales. El más determinante sobre la cuestión tratada aquí, se realizó con ratones, detectándose un incremento lineal del nivel de agresividad, que correlacionaba directamente con el número de individuos que se añadían al grupo original, ubicado en un reducido espacio vital. Es decir, a mayor número de individuos, mayor grado de ansiedad y agresividad individual. Este comportamiento, corroborado con experimentos utilizando otras especies animales, se ha explicado teóricamente por el nivel de competencia implícita en el número de competidores potenciales, respecto de los recursos disponibles, sobre todo, referido al alimento, las hembras y el territorio.

En una época anterior, durante los siglos XVIII y XIX, Jeremy Bentham, James Mill y Jhon Stuart Mill, habían propuesto la doctrina del *hedonismo,* como principal motivador de la conducta, tanto humana como animal. Esta aportación teórica, establece básicamente, que cualquier ser vivo huye de las situaciones productoras de dolor o malestar y tiende a experimentar aquellas condiciones, productoras de placer o bienestar, por encima de *cualquier* otra consideración. El cuadro de equiparación de los instintos animales y humanos, se completó a principios del siglo pasado, cuando en la aristocrática ciudad de Viena, el controvertido Sigmund Freud, ubicaba en el subconsciente humano las pulsiones sexuales o libido, como propulsor determinante de la conducta.

De este modo, la conducta de los principales mamíferos superiores, que conviven en un clan o tribu, como chimpancés, leones y sapiens, presenta similitudes determinantes. Entre ellas, a la vez que defienden con su vida la agresión frente a manadas rivales, pelean entre ellos mismos por la caza realizada o los recursos vitales. En el caso humano pues, la cuestión básica parece centrarse en la definición de grupo considerado como propio, en otras palabras, en el tamaño y caracterización de su unidad primaria de referencia. En este punto, el listado es amplio. Puede ser un conjunto ideológico, clasista, deseado o aspiracional. Así pues, siguiendo este hilo argumental, únicamente parecen existir dos parámetros diferenciales, entre los mamíferos superiores y el homo sapiens: Su capacidad de *transformar* el entorno y la influencia del *sistema de creencias*, en el comportamiento efectivo. Entre los credos más relevantes a la vez que antiguos, se encuentra el *tipo de ética* admitida, derivada de la religión profesada.

En este sentido, la moral católica y cristiana en general, aboga por una existencia sumisa y conformada, ubicando la recompensa al sacrificio en una hipotética vida eterna, posterior a la muerte. En seria oposición, la ética protestante, iniciada en la reforma luterana y más en concreto, calvinista, aboga por una mayor libertad de acción y una austeridad en la lucha social, incrementada -no debe olvidarse en este punto, que los países del norte europeo, son denominado actualmente "los frugales"-. Un hecho decisivo de este enfoque, provino de la traducción de la Biblia escrita en latín, a las distintas lenguas vernáculas; para sorpresa de Calvino -autor de la Reforma- el término "trabajo", no tenía traducción a la lengua alemana de la época. La traducción equivalente, se ilustraba mejor por el concepto de "vocación". Debido a estas antiguas diferencias, hoy en día, gran parte de políticos y teóricos económicos del norte europeo, se niegan a seguir financiando al "perezoso" Sur. Esta tesis relacional de la ética religiosa y el triunfo económico, fue establecida en 1904 por Max Weber, en su obra sobre la ética protestante y el espíritu del capitalismo.

La sociología, ha aplicado distintas definiciones generalizadas al comportamiento dicotómico, que parece dividir al ser humano respecto de su consideración del otro o de los grupos diferentes y en definitiva, de la totalidad del colectivo social en el que se inscribe. Así, se han aducido, diferencias en las distintas variables de personalidad, entre las que se encuentran, el "egoísmo-altruismo", el "egocentrismo-colectivismo" o "individualismo-colectivismo". Pero este tipo de etiquetaje o su descripción, no comportan una explicación científicamente útil. Sin embargo, un continuo social que parece afectar a la totalidad de los individuos occidentales, respecto de las cuestiones personales y sociales, dividiéndolos en dos grandes mitades, es la repetidamente constatada dimensión "conservadurismo-progresismo".

En efecto, el grupo "conservador" se define por su reactancia, resistencia o rechazo, al cambio de cualquier tipo. Son sujetos susceptibles a las argumentaciones de corte emocional, incluyendo por tanto, las facciones "negacionistas" de los fenómenos sociales relevantes en la actualidad. Entre las evidencias rechazadas, se encuentran aquellas derivadas del avance científico. Algunas de los cuales, representan tendencias objetivas y constatables empíricamente como el cambio climático o la aparición de amenazas objetivas, como la actual pandemia del SARSCOV 2. En general, se niegan elementos derivados del avance científico o la diversidad cultural. Estas agrupaciones ideológicas, pueden caracterizarse igualmente, por sus creencias religiosas que defienden públicamente, pero que raramente cumplen respecto de la consideración de los grupos diferentes, tal y como dictan los preceptos religiosos que dicen seguir. El "mesianismo" social o el "supremacismo" blanco, son algunas de las banderas enarboladas por esta amplia colectividad.

Frente a ellos, se conforma el grupo denominado "progresista". Los principales grupos activistas y de oposición al poder establecido, se encuentran aquí. La lucha por el medio ambiente, la pobreza o el capitalismo, poseen en miembros de este macrogrupo, sus más considerados representantes. Defensores de la democracia participativa, la universalización de la acogida migratoria, la lucha contra el hambre y la desigualdad y la universalización de los humanos, han conformado las bases conceptuales de las grandes ONG´s del siglo. Defienden igualmente, la aplicación generalizada de los avances científicos, así como el acceso abierto a la información, reclamando difíciles logros en la práctica como la transparencia de los gobiernos y de las grandes corporaciones financieras o económicas.

En sucesivos capítulos, se desarrollan las implicaciones y peso específico de algunas de las conclusiones, establecidas aquí. De cualquier modo, el axioma a establecer en este momento, reside en que el futuro de las sociedades humanas y su caracterización, dependen de forma exclusiva,de las decisiones respecto de los grupos considerados diferentes, que conforman la totalidad del colectivo humano.

Tal y como se ha expuesto en el capítulo anterior, la agrupación humana en grandes colectivos, no depende de leyes impuestas por la naturaleza o la evolución, sino más bien y en su totalidad, de las decisiones colectivas. La ley que rige la evolución, ya no es de naturaleza física o biológica, sino más bien y únicamente, de corte ético y moral, es decir, dependiente de forma directa de la voluntad humana y de sus decisiones más o menos generalizadas.

De otro lado, la asunción del auténtico parámetro motivador de la conducta humana, corresponde esencialmente al plano "instintivo", afecta frontalmente a las teorías propuestas por el neoliberalismo clásico. Como ejemplo sobresaliente, la "teoría de la elección racional", por la cual, la conducta de compra -el acto básico del sistema capitalista-, se decide mediante una valoración detallada de los elementos básicos de la acción de intercambio comercial, ha resultado ser objetivamente falsa. Los sujetos, se endeudan por encima de sus posibilidades y las decisiones fundamentales de la vida, como el matrimonio o el ejercicio del voto, se ejercen desde el plano emocional o instintivo. Evidentemente, en la medida en que el ser humano forma un todo interactuante respecto del entorno, a la vez que la contradicción determina parte de su esencia, los hechos complejos no ofrecen una explicación única o simplista, sino más bien, deben ser analizados desde una visión multideterminada o factorial. La *aparición del conflicto*, resulta ser un rasgo congénito, tanto en el nivel individual de la conducta, como en el plano social o relacional entre la gran variedad de grupos sociales.

Una derivación directa de la visión reduccionista y mecanicista de la visión neoliberal, consiste en que el tipo y esencia de la sociedad futura, se encuentra mecánicamente determinada por el pasado y no existe alternativa para su superación. En definitiva, se han planteado aquí las razones de la conducta pro-social o de su polo opuesto, el comportamiento egoísta frente al resto del colectivo social. Conviene resaltar un hecho, que justifica la denominación de "conflicto adaptativo" a la adquisición de la inteligencia humana, con las prestaciones añadidas del pensamiento abstracto y el lenguaje. Se trata de la transformación e incremento de las *necesidades básicas* en *necesidades adquiridas*. Desde el momento, en que las necesidades requeridas para el bienestar humano, resultan artificiales, la extensión de esta categoría se convierte en prácticamente ilimitada. A su vez, el individuo puede satisfacer sus expectativas económicas o aspiracionales, en la medida en que posea la capacidad adquisitiva proporcionada por el dinero "fiduciario", sin valor real; otro de las convenciones asumidas por la población general, de corte muy similar al mito moderno. La característica básica del capitalismo financiero, consistente en la sobre-acumulación, determina el panorama global actual, adquiriendo carta de plena vigencia.

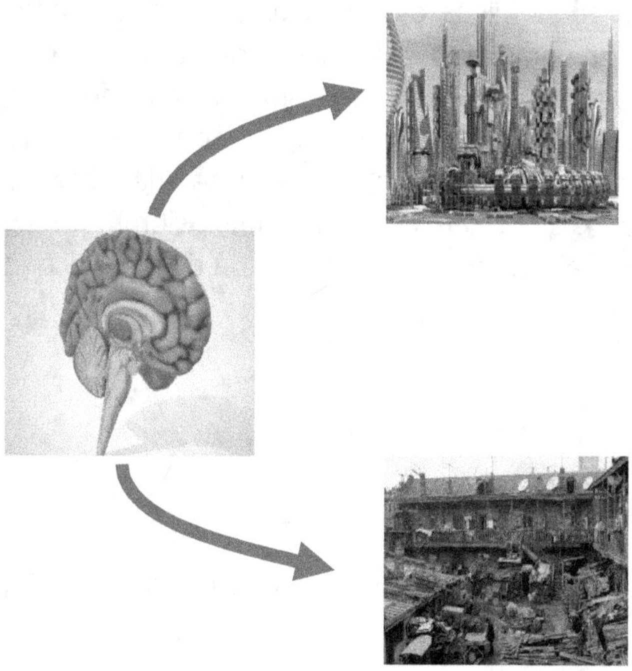

El diseño de la sociedad futura depende única y exclusivamente de la voluntad del conjunto social. Al margen de los sistemas económicos y sus particularidades constitutivas, la decisión acerca del diseño social, depende básicamente de la decisión, voluntad y jerarquía de principios manejada. La prosperidad para el conjunto mundial, no depende de la generación ilimitada de recursos; se encuentra, más bien, en la redistribución de la riqueza actual. Pasar del dominio de la mitad de los recursos mundiales en manos del 1 % de la población, al establecimiento de unos límites mínimos que garanticen una vida digna. Un derecho humano universalmente reconocido. Fuente: Elaboración propia.

Capítulo V· Una Luz en la Oscuridad

"La ciencia es el gran antídoto al veneno del antídoto y la superstición"
Adam Smith -Economista británico-

"En todos los grandes hombres de ciencia, existe el soplo de la fantasía"
Giovanni Papini -Escritor italiano-

La caída del imperio Romano en el año 476, sumió a Europa en una largo período de oscuridad y miseria, marcando la época más oscura vivida por la humanidad desde el comienzo de la historia; no en vano ha sido denominada la *era oscura* -dark age-. La desaparición del foco de referencia romano, se llevó consigo la higiene, la consolidada práctica médica, un modelo social y organizativo, la distribución del agua y además, el suministro ordenado de alimentos.

Varios acontecimientos sucedieron a esa pérdida. La segunda mitad del siglo XIV, fue testigo de una de las epidemias más dramáticas sufridas por la civilización; la peste negra -peste bubónica- transmitida por las ratas, puso fin a la vida de millones de personas. De otro lado, la creencia religiosa, alcanzó su máximo grado de dominio y esplendor, bendiciendo un modelo de gobierno, ejercido por tiranos y reyes, sin desaprovechar la oportunidad de coaligarse con el poder militar. La prevalencia de la Iglesia, obtuvo tal nivel de influencia, que en los territorios conquistados, el representante de la jerarquía religiosa caminaba a lomos de su caballo o carro, en primer lugar, por delante del caudillo militar.

Una panorámica abonada, para la aparición de órganos represivos y asfixiantes, cuya máxima expresión cristalizó en la aparición del Tribunal de la Santa Inquisición. Los países de tradición cristiana, especialmente, aquellos ubicados en la cuenca mediterránea, sufrieron el azote de la cruel fiscalización supersticiosa. Miles de personas, especialmente mujeres,aunque no únicamente, fueron objeto de falsas acusaciones de brujería, posesión demoníaca o prácticas satánicas; también o mejor, específicamente, aquellas que practicaban los restos olvidados, de la antigua medicina, basada en remedios vegetales y naturales.

Hubo que esperar hasta el siglo XVII, para que cristalizaran una serie de profundos cambios, conducentes a una visión del mundo alternativa a la creencia religiosa. Galileo Galilei y antes Giordano Bruno, hicieron pública la constatación de las observaciones del holandés,Ticho Brahe, acerca de que el Sol y no la Tierra, constituía el centro de la órbita de los planetas. Una parte importante de los historiadores y teóricos sociales, establecen en el método de *observación directa* y sobre todo, de *experimentación* de Galileo, el punto de inflexión del cambio de la creencia religiosa a la práctica experimental, base procedimental del método general de las ciencias. Ciertamente, la tradición parece confirmar que el famoso experimento, consistente en dejar caer una pluma junto a una bala de cañón desde la Torre de Pisa para demostrar la equivalencia de los pesos en la caída de los cuerpos, no se produjo realmente. En cambio, pudo ser este el momento del nacimiento de los *experimentos mentales*, que tantos y tan significativos descubrimientos han proporcionados a la ciencia. En efecto, dos de las leyes de influencia decisiva, se desarrollaron mediante la transcripción de las escenas que ocurrían en la imaginación de las mentes privilegiadas de dos grandes científicos.

Isaac Newton nació en Gran Bretaña, el mismo día de la muerte de Galileo, aunque 100 años después, concretamente en 1643. Con bastante grado de seguridad, tampoco existió la idílica escena de la observación de la caída de la manzana, originaria de la formulación de la *Ley de Gravitación Universal* en 1687. El funcionamiento de los grandes cuerpos estelares, quedaba reglado de forma prácticamente definitiva, mostrando una clara tendencia a la repetición cíclica de los fenómenos cósmicos. Pasaron 220 años, hasta que Albert Einstein publicara en 1905, la primera versión de su "Teoría General de la Relatividad", que modificaría en sucesivas ediciones, en los años 1914 y 1916, con el título de "Teoría de la Relatividad Especial."

Utilizando un enfoque basado en la geometría, formuló una ley, que comportaba un mayor nivel de complejidad, inexistente en la ley de la gravitación newtoniana. El grado de complicación de la formulación relativista era tal, que según las leyendas urbanas, Wolfang Pauli, uno de las más relevantes autoridades en el campo de la física clásica, respondía a la aseveración de un colega que afirmaba que en todo el mundo, únicamente dos personas, además del propio Einstein, comprendían totalmente la teoría; la respuesta de Pauli fue "¿Si?, ¿quién es el otro?"; se refería lógicamente, a la identidad del otro físico, además de él mismo capaz de comprender la complejidad de la teoría.

La contribución de Charles Darwin con su obra "El Origen de las Especies" publicada en el año 1859, iluminaba una modalidad evolutiva basada en el juego establecido entre el medio ambiente físico y los rasgos adaptativos de los grupos, erradicando en parte, la creencia generalizada en la hipótesis de creación divina del universo.

La suma de todos estos hechos individuales, condujeron directamente al abandono de la cosmovisión centrada en la perfección universal originando el renacimiento de los valores clásicos o *Renacimiento. E*n definitiva, la preponderancia de la nueva creencia *antropocéntrica* que reclamaba la supremacía universal del centrismo para el ser humano; el nuevo rey de la creación. El advenimiento del "siglo de las luces", con su epicentro colocado en la *Revolución Francesa* tuvo lugar en el año 1879, proclamando universalmente los valores de "Libertad, Igualdad y Fraternidad". Una versión particular de este episodio, se concretó en la Guerra de Secesión Americana, 18 años antes, culminada con la "Carta de Derechos Humanos" base de la Constitución de los Estados Unidos formulada en 1878.

Prácticamente en esa misma época, Ludwig Boltzmann y posteriormente, Max Planck, establecían que la energía en cualquier sistema físico era transmitida en unidades *discretas* -no continuas-, denominadas "cuantum" o "cuantos". El experimento probablemente más famoso de todos los tiempos, se realizó con anterioridad al comienzo del siglo XX.

En la situación experimental, un fotón fue lanzado contra una placa de metal, que contenía dos rendijas y colocada una nueva placa detrás de la primera, receptora del impulso eléctrico. La observación de los resultados condujo a una sensación de asombro generalizado, puesto que los impactos en la segunda placa de metal, una doble fila de puntos. Dicho de otro modo, la luz había atravesado *a la vez*, las dos rendijas. En el momento de apagar la luz, la incredulidad aumentó, puesto que las marcas se distribuían por toda la pantalla que había recibido los impactos. Estos sorprendentes resultados, se debían a la doble naturaleza *onda-partícula*, explicada ya por el propio Einstein, pero ofrecía una visión de la realidad, que comportaba la existencia de leyes distintas de aquellas que operaban en el nivel macro; en el mundo de la experiencia humana.

En definitiva, emergían dos grupos de leyes físicas distintas, en función del nivel de observación utilizado. Este hecho, hacía tambalear el cuerpo físico establecido y sobre todo, requería de un nuevo conjunto de leyes -denominada apriorísticamente "Teoría del Todo"-, capaces de *agrupar* el comportamiento del mundo atómico con el macrofísico. Posteriormente, Max Born denominaría a esta nueva área de investigación *mecánica cuántica*. A partir de ese momento y a pesar de la aportación del matemático Paul Dirac, cuya ecuación ligaba de forma exitosa parte de la teoría cuántica con el electromagnetismo, Einstein se obsesionaría con la idea de la teoría del todo, hasta el momento de su muerte en el año 1955, ya en Estados Unidos.

Richard Feynmann, uno de los más creativos físicos del pasado siglo, afirmaría en la década de los años 30, que el experimento cuántico descrito "contenía la esencia de la naturaleza cuántica".

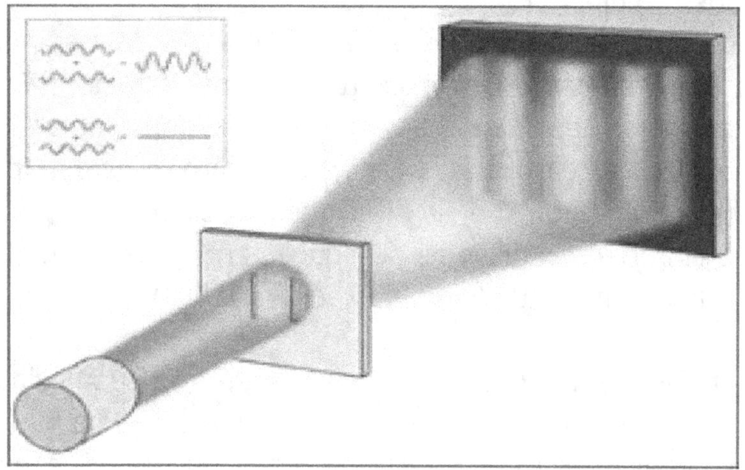

La naturaleza dual del fotón constituyó la observación física primera de las diferencias entre las leyes que operan a distintos niveles de observación de la realidad. El comportamiento de la materia en los niveles atómicos muestra leyes totalmente diferentes que aquellas que imperan en el plano macrofísico, en el que se desarrolla la vida. Este es el motivo de la continua búsqueda de una teoría unificadora o teoría del todo. Esta obsesión persiguió a Einstein hasta el día de su muerte. Fuente: Piqsels.com

A partir de ese momento, un gran número de teóricos fueron ensanchando y enriqueciendo el nuevo campo, tanto en las áreas teóricas como de investigación. Werner Heisenberg, contribuyó al desarrollo de una nueva concepción del comportamiento de las partículas atómicas, superando la visión clásica de la estructura del átomo con sus componentes básicos, el núcleo y el electrón. Las partículas elementales, como el electrón, se alejan significativamente de un comportamiento lógico, propio del nivel macrofísico. Tanto es así, que de hecho, se ubican en cualquier posición en el espectro posible, dentro de las opciones probables de giro y mostrando una cualidad inesperada: pueden ocupar dos posiciones a la vez. Esta propiedad ha sido denominada *superposición*. El rango total de opciones de comportamiento que posee cualquier partícula elemental, se conoce como *umbral de probabilidad*.

Además de ésto, las partículas actúan *como si* pudieran acompasar su movimiento, es decir, se mueven conjuntamente. Esta nueva propiedad, se denomina *entrelazamiento* y ha dado lugar con posterioridad, a la hipótesis de conectividad entre partículas con independencia de su distancia, conformando la hipótesis del "electrón en el fin del universo" que evidentemente constituye una extrapolación sugerente pero excesiva, puesto que a medida que aumenta la distancia, la materia atraviesa sucesivas transiciones de fase, hasta configurar el espacio, tal y como lo observamos normalmente. De otro lado, aumentando la complejidad del comportamiento atómico, la fórmula de Paul Dirac para el electrón, enunciaba una nueva cualidad, el *spin* o movimiento rotatorio exhibido por dicha partícula en sus desplazamientos.

Finalmente, Erwin Schrödinger propuso, a la vista de este nivel explicativo de la realidad, el *principio de incertidumbre* ya que no puede medirse a la vez, la posición y la velocidad de una partícula atómica. Es decir, si se observa la posición que ocupa un electrón determinado, no puede anticiparse la dirección en que se desplazará ni tampoco medir la velocidad de ese desplazamiento. Este hecho, hizo surgir la evidencia de la "influencia del observador", en el objeto de investigación. Por ejemplo, si se ilumina un átomo con el fin de observar su comportamiento, la incidencia de la luz, hace variar drásticamente la conducta o topografía atómica. El descubrimiento concreto en la actualidad, se ha generalizado a la totalidad de la investigación científica, cuya máxima expresión ha sido formulada por el movimiento teórico *constructivista,* por medio de su enunciado principal que afirma que tanto los métodos de observación y medición utilizados, así como las hipótesis previas manejadas por los investigadores, son dictados por el sistema tecnocientífico imperante en un lugar y momento dado del desarrollo social.

El principio de incertidumbre, ha dado lugar a una de las paradojas más famosas y divertidas de la historia de la ciencia, bautizada como "El Gato de Schrödinger". En ella, si el nivel macrofísico se encontrara regido por idénticas leyes que operan a nivel micro-elemental, en el caso de un gato metido en una gran caja dotada de un dispositivo que contuviera ácido letal, este mecanismo podría encontrarse abierto o cerrado o en ambos estados al mismo tiempo. En consecuencia, el gato podría estar vivo o muerto, siendo necesario para despejar la incógnita, abrir la caja.

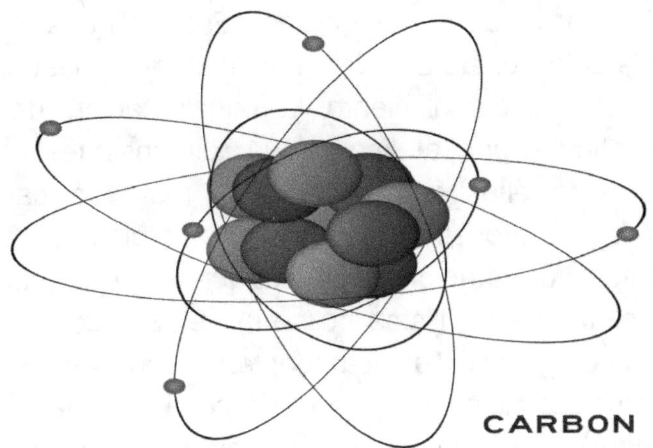

La estructura clásica del átomo propuesta por la mecánica cuántica en sus primeras etapas, fue concebida con la imagen proveniente de la física clásica, con una estrella central, en este caso el núcleo del átomo y una serie de cuerpos orbitando el centro. Este modelo, denominado de estructura orbital, ha sido abandonado y no representa en absoluto las posibilidades de posiciones potenciales de los electrones que se alejan progresivamente del núcleo, en función de la cantidad energía disponible, configurando un auténtico umbral de probabilidad en su posición posible. Fuente: Piqsels.com

Todos estos descubrimientos considerados en su conjunto, han abierto la necesidad científica autoimpuesta, de obtener la mencionada teoría unificada de la realidad o teoría del todo. La propuesta teórica capaz de resolver esta incógnita, fue propuesta a finales de la década de los 80 y se conoce como la "Teoría de las Supercuerdas". Esta propuesta exige un considerable esfuerzo de imaginación, puesto que requiere para su cumplimiento la consideración de una realidad, definida por al menos 11 dimensiones; como mínimo, dos de ellas temporales y el resto de carácter dimensional. La construcción teórica precisa para su cumplimiento, un cambio en la *estructura* propia de las partículas elementales. Éstas no serían piezas como tales, sino que su composición básica adoptaría una forma similar a un "aro cerrado" de materia. La teoría sigue considerándose útil hoy, básicamente debido a la imposibilidad real de verificación o infirmacion; no puede comprobarse ni negarse de manera experimental u objetiva.

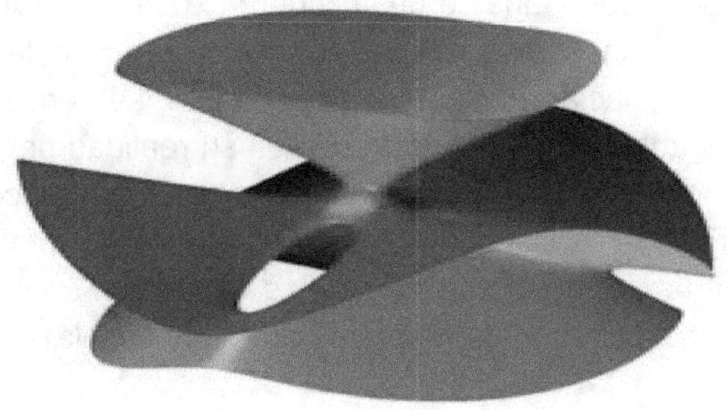

La teoría de las supercuerdas propone para su cumplimiento, una estructura multidimensional de las partículas elementales constitutivas de la materia. Si esto fuera así, las partículas se comportarían como pequeñas cuerdas enroscadas en una circunferencia y experimentarían un movimiento oscilatorio, o mejor ondulatorio, originando de ese modo, múltiples niveles de realidad, en función de la posición del observador. En el nivel de existencia real, se superpondrían unas a otras constituyendo dimensiones imposibles de observarse y menos experimentarse por el ser anclado en las tradicionales cuatro dimensiones espacio-temporales. Fuente: Piqsels.com

Nuevamente, se utiliza una analogía con la intención de obtener una mayor comprensión de este constructo teórico. En este caso, la metáfora denominada del "equilibrista y la pulga". La ilustración describe a un equilibrista de circo, caminando sobre una gruesa cuerda con intención de cruzarla. Puede comprenderse con facilidad que la única dimensión espacial relevante para el sujeto, se centra en la visión longitudinal de la cuerda; esa es su realidad percibida. Mientras que una pulga que viviera en esa misma cuerda, observaría una realidad con más dimensiones y totalmente direrente; la cuerda ofrecería rendijas inmensas, además de una superficie totalmente redonda por la que desplazarse.

Capítulo VI· El Guion y los Actores protagonistas

"Gobierna mejor quien gobierna menos"
Lao-Tsé -Filósofo chino-

"Todas las formas de gobierno son valoradas exclusivamente en la medida en que tienden a promover la felicidad de quienes bajo ellas viven"
Adam Smith -Filósofo y economista escocés-

Carlomagno protagonizó el último intento histórico de aglutinar un imperio europeo, bajo el estandarte religioso cristiano. La paz de Westfalia firmada en 1648, puso fin a la guerra de los 30 años, con la participación de la mayoría de imperios europeos existentes, estableció el comienzo de las distintas identidades nacionales asentadas en los principios básicos de existencia de un territorio propio, bajo leyes autóctonas protectoras de la soberanía nacional. Había nacido la diversidad de los Estados, junto a la pluralidad de autodeterminación soberana. Los siglos XVII y XVIII, contemplaron la formación progresiva del una Europa diversa políticamente -y también de los Estados Unidos de América- que establecería la base estructural de la civilización occidental moderna.

El individuo había sido proclamado universalmente, como centro universal aglutinador de derechos y libertades durante el siglo XVII y confirmado universalmente por la Revolución Francesa. En ese mismo período, surge conceptualmente, la "razón de Estado", con la definición de lo que posteriormente se convertirá en una perenne y recurrente tema de discusión en la filosofía política: las funciones del Estado. Entre ellas, la que asume mayor relevancia se centra en su relación con el individuo, en cuanto que miembro de la masa social.

Una de las principales diferencias del Estado moderno respecto de las grandes concentraciones urbanas históricamente anteriores, reside en el abandono de la creencia del trasvase del poder divino al rey o emperador, regente de las antiguas ciudades-estado. Se produce así, un cambio significativo en el modo de gobierno. El soberano único pasa a convertirse en un multigobierno o gobierno de *élites*. Contrariamente a la opinión de reconocidos autores, la pretendida división de los poderes del Estado -legislativo, ejecutivo y judicial-, no constituyó ni en las etapas iniciales de su formación ni tampoco en la actualidad, una característica estructural real del aparato gubernamental. Más bien al contrario, el poder legislativo y poder ejecutivo, nacieron indisolublemente unidos al menos 3000 años a. C.

La tradición Abrahámica, tanto en su versión hebrea como cristiana, muestra con claridad el maridaje necesario para el liderazgo de las masas y en concreto, la relación extrema de precursor-consecuente, entre preceptos religiosos y legislación civil. Las primarias leyes religiosas hebreas, fueron otorgadas a Moisés por Dios en el Monte Sinaí -no posee la menor importancia si la tradición es cierta o no y mucho menos, si se adopta su creencia-, constituyendo así el primer pacto de Dios con la humanidad, denominado "La Gran Alianza". El hecho histórico relevante, reside en que 200 años más tarde, el soberano Hammurabi redactaría el primer código civil de la historia, basándose en la principal ley religiosa hebrea, la "Ley del Talión" que fijaba como principio fundamental la premisa que rezaba "ojo por ojo y diente por diente". En la actualidad, el pegamento necesario de los antiguos poderes, permanece sellado por un tercero: la sistémica económica que trasciende fronteras y legislaciones.

Jean Bodin, Nicholas Maquiavelo, Thomas Hobbes y John Locke, se consideran los primeros autores que expusieron las bases del Estado moderno, todos ellos, quizá con excepción del último, de orientación claramente absolutista. En los años 1978-1979, Michael Foucault -uno de los más prestigiosos y reconocidos teóricos sociales del pasado siglo- expuso en el College de Francia, una serie de conferencias en las que analizaba la relación entre el Estado y los ciudadanos, reiterando el epígrafe que con toda probabilidad constituye el mayor aporte de la sociología actual y pasada, bajo un nuevo concepto, la *biopolítica*, es decir, la supremacía del gobierno sobre las libertados, derechos y deberes de los sujetos individuales.

En realidad, existe una relación fundamental de mayor importancia histórica, cuya regulación se le exige al Estado Moderno desde distintas plataformas sociales y críticas. Se refiere a su papel en la economía, definido por una orientación claramente mercantilista. La política económica ha regido el comportamiento mundial, pasado y presente.

Dos grandes modelos teóricos, se han opuesto históricamente. El primero de ellos liderado por Joseph Maynard Keynes, propone la necesidad de intervención activa del Estado, en las áreas fundamentales de la aplicación económica, tales como el grado de autonomía del comercio, las normas reguladoras, la redistribución de la riqueza y todo el listado de cuestiones fundamentales, incluidas en la gestión económica en la sociedad.

En el lado opuesto, presentando una oposición frontal, se encuentra la concepción económica derivada de la primaria concepción del liberalismo, representada por Friedrich Hayek y posteriormente, a partir de la década de los 80 por Milton Friedman, profeta de la visión monetarista de la conducta económica y profesor de la escuela de Chicago.

La proclamación pública, liderada por Margaret Thatcher en 1979 y Ronald Reagan un año después, acerca de la supremacía, o mejor unicidad, del modelo neoliberal confirmaría las prácticas económicas imperialistas del neoliberalismo, básicamente norteamericano a nivel global. Los principales países latinoamericanos, sin excepción, han sufrido el acoso de las dos primeras fases del imperialismo - la fase diplomática y la fase de expropiación- del imperialismo estadounidense, comenzando por Chile y siguiendo gradualmente por Argentina, Uruguay y Bolivia, con la única excepción de Brasil.

La aplicación extrapolada de las dos principales concepciones de Estado, liberal y totalitario, ha originado una configuración geopolítica mundial enfrentada durante años.

Ambas posiciones, han proporcionado la excusa perfecta para cualquier decisión política, circunstancialmente conveniente para cualquiera de los dos protagonistas de la oposición -Estados Unidos y la URSS- durante la denominada "Guerra Fría". La caída del imperio soviético en 1989, representada por la desaparición del muro de Berlín, máximo símbolo de la separación del mundo en dos mitades, generó varias consecuencias de calado histórico y mundial. Tanto es así, que el técnico de la administración estadounidense, Francis Fukuyama, escribió durante a principios de los años 90, la obra titulada "El Fin de la Historia", refiriéndose a la inevitabilidad del triunfo del modelo *neoliberal* como modelo económico definitivo, sin oposición posible. La adopción de la práctica capitalista ha propiciado tres tipos de consecuencias de carácter nefasto: la devastación del *medio ambiente,* la aparición de la *corrupción cronificada* y la persistencia de la *desigualdad* económica.

En efecto, la visión competitiva y mercantilista del neoliberalismo, se aplica a las normas de conducta sociales y no solo eso, también a sus estándares morales; el sujeto individual adquiere así, el mismo tratamiento que la *empresa.* Es el homo *economicus*, responsable de su propio éxito y fracaso. Por ejemplo en En EEUU, no se habla aún hoy en día, de individuos ricos y pobres,sino de "triunfadores" y "perdedores" -winners and loosers-. El mercado se configura a partir de la implantación del modelo liberal, como lugar de veridicción o utilidad de las políticas gubernamentales, hasta el punto de definir las realidades sociales como entes económicos -individuos y empresas-. Surge aquí, el concepto teórico de "capital humano". El salario se considera como una renta de capital, es decir, el individuo trabajador es considerado como un ente, una máquina que produce flujos de ingresos; se convierte en generador de rentas y por ende, en su propio empresario. Es responsable de su propio bienestar, sin paliativos.

No obstante, la unión indisoluble de política con el modelo económico, constituye una de las falacias congénitas del gobierno occidental. El Estado *providencial* que había asumido históricamente la protección de los individuos, desaparece en el mismo momento en que se inicia la conversión de la filosofía social del liberalismo al *neoliberalismo económico*. El punto histórico de inicio, puede establecerse durante el período de la presidencia de Woodrow Wilson, a comienzos del pasado siglo. El diagrama del poder, adquiere su estatus prácticamente definitivo en el momento en que las acciones de gobierno, se dirigen perversamente a la búsqueda de la máxima seguridad del mercado, relegando los procesos vitales de la población a un segundo plano y limitando al máximo, la intervención del pública. Surge el deseo teórico del "Estado mínimo" y la "fobia al Estado". La intervención gubernamental se reduce a las situaciones excepcionales, normalmente de carácter social, así como con el objetivo disciplinario de los movimientos insurgentes o de aquellas acciones fuera de la norma establecida.

El verdadero tránsito del primitivo liberalismo al neoliberalismo actual, se acentuó con posterioridad a la segunda guerra mundial. El cambio obedeció a distintas razones, en función del estado en el que tuvo lugar. Michel Foucault define las motivaciones diferenciales de cada uno de los Estados Occidentales, para la adopción del rumbo de cambio en ese momento específico. Alemania respondió automáticamente, con la adopción de un modelo idéntico al de sus recientes enemigos. Frontalmente opuesto a la economía dirigida, así como al intervencionismo estatal y al consumo socializado, con la clara voluntad de que estas políticas pudieran alentar la más mínima posibilidad de un retorno al fascismo. Por su parte, Francia, lugar de nacimiento de la libertad individual, ha seguido manteniendo el espíritu de liderazgo social liberal, aún a pesar de las épocas de dirigismo militar protagonizada por el general De Gaulle.

Estados Unidos de América, no renunciaría a su ansiado liderazgo en el panorama económico mundial. En ese sentido, posteriormente al desastre no previsible de la denominada "Gran Guerra" e incluso un año antes de su finalización, la "Conferencia de Bretton Woods" diseñaría las líneas directrices de la nueva configuración económica mundial, mediante la instauración y posterior globalización del concepto que ha marcado la actual distinción en el desarrollo mundial: la deuda externa. Este hecho, ha fijado una línea divisoria, denominada por algún teórico perteneciente a la escuela crítica europea, como "línea abismal" que establece dos velocidades de desarrollo, para las economías del Norte y del Sur.

No obstante, aún restan distintas etapas para conformar el panorama global vigente en la actualidad. Las propias fallas endogámicas del pasado económico clásico, se pervirtieron debido fundamentalmente, a las exigencias de incremento de la acción productiva, una de las condiciones de la competencia económica. El falso principio del libre mercado se vería modificado, aunque únicamente de forma enunciativa y nunca real. En primer lugar, surgió la *legislación antimonopolística*. Posteriormente, se regularon la "estabilidad de precios" y el "control de la inflación". La economía neoliberal centró su atención en los "recursos naturales", sobre todo aquellos necesarios para el mantenimiento del sector energético. En una fase posterior, la regulación alcanzó a los derechos de la población activa e inactiva. La política social sucumbió bajo el liderazgo estadounidense, ante todo, a la nueva y sacro-santa enseña neoliberal, invariablemente orientada al *crecimiento económico*.

El inicio de la globalización neoliberal y el ataque frontal a los estados nacionales, protagonizados por las instituciones financieras que nacieron con el acuerdo de Bretton Woods, permitieron la imposición normativa de nuevas reglas de juego, respecto de la utilización de los recursos del Estado. El déficit económico ligado estrechamente al pago de la deuda internacional, se elevó a requisito obligatorio por encima del derecho social; en consecuencia, el gasto público debía así reducirse y controlarse. En este apartado de la contabilidad nacional, se incluyen las pensiones, la atención a los grupos marginales en riesgo de exclusión, la cobertura subsidiaria y el paro laboral. En definitiva, aquellos gastos que durante más de 200 años de lucha civil y obrera, devinieron en el denominado "estado del bienestar", fueron legalmente supeditados al control de la deuda externa; uno de los errores filosóficos y conceptuales que la civilización occidental nunca debió cometer.

En consecuencia, en caso de incumplimiento del déficit -como se ha producido en algún momento- por parte de países europeos y sudamericanos, el Fondo Monetario Internacional -FMI-, exige el cumplimiento de esta condición básica, incluida en el contrato firmado por la totalidad de países, en el momento de la inyección económica mundial, instrumentalizada a través del Plan Marshall. Una de las consecuencias del incumplimiento contractual en la devolución de la deuda contraída, deviene en el *recorte presupuestario* impuesto *sobre* las inversiones nacionales en el área social. Nunca en toda la historia reciente, ni un solo país del mundo, ha sido capaz de cancelar la artificiosa deuda inicial establecida con el FMI. Es más, en el caso de Ecuador, su presidente Rafael Correa, decidió auditar la deuda y no asumir aquella parte que consideraba injusta o abusiva. Cumplió lo prometido. No hubo ningún tipo de sanción por parte del Fondo Monetario Internacional, ni penalización alguna por parte de las restantes instituciones económicas mundiales.

La definición de los objetivos de gobierno, son por principio relativas y temporales. Debido a esto, las leyes adecuadas e inadecuadas -las antiguas eunomia y disnomia griegas-, resultan puramente una consecuencia de las voluntades elitistas, bien políticas o económicas. Por este motivo, a partir de la década de los 80, la legitimidad única de las urnas, ha entrado en crisis; la separación entre la ciudadanía y sus representantes políticos, se ha acentuado progresivamente. La población considera otros tipos de legitimidad, además de los resultados del voto electoral, que suponen la justificación de la acción de los partidos políticos. Surge en este momento histórico, el desarrollo conceptual de la gobernanza moderna, con las exigencias de transparencia, reflexividad, multiplicidad de visiones y aceptación de la diversidad, que afectan directamente a la gestión y modo de expresión de la soberanía nacional. Las democracias se descentralizan, a la vez que pierden poder, frente a las grandes corporaciones transnacionales.

Se requiere otro componente indispensable, para la auténtica consolidación del Estado moderno. Como no podía ser de otro modo, el elemento referido, posee carácter *simbólico*. Además del territorio, la policía y el ejército, se precisa de un "telos" -objetivo- nacional o mejor, de un "enemigo común", sin importar el grado de realidad de la amenaza en cuestión. Para la mayoría de la civilización occidental, el enemigo a contener ha consistido en una representación vacía y desdibujada del "comunismo". En especial para los Estados Unidos de América que encontraron en la guerra fría, el argumento perfecto para una de las mayores transgresiones de los derechos humanos nunca realizada: la vigilancia digital de millones de ciudadanos de todo el mundo, no únicamente norteamericanos. Las revelaciones de Edward Snowden y de Julen Paul Assange -WikiLeaks- muestran en este sentido, una flagrante realidad.

El estado moderno, conlleva la aparición del poder administrativo y judicial. Pero también del poder "instrumental", concretado principalmente en la dotación económica al ejército, con el objetivo de financiar las técnicas y recursos necesarios para la guerra. De este modo, las naciones europeas más antiguas y poderosas, se lanzaron en la época moderna, a una conquista de nuevos territorios que perdura en nuestros días, con finalidad igualmente utilitaria: la apropiación indebida e igualmente ilegal, de las riquezas ajenas. Es el caso de la colonización de América por parte de España, Portugal, Inglaterra y Holanda.

Para este propósito, se precisaba un nuevo componente en la ecuación, claramente visible en el caso de los países cristianos, como es la *creencia religiosa*. Nunca el imperialismo había estado justificado. La principal motivación del mayor conquistador de la historia, Alejandro Magno se basaba en la plasmación de la superioridad de la civilización griega y su deseo de ser recordado por la historia. Todo ello, a pesar de contar con la instrucción de uno de los mayores sabios de la historia, como Aristóteles. En el caso de la colonización española de América del Sur, por ejemplo, la avaricia fue revestida con la exigencia de la "evangelización", de otro lado innecesaria. El expolio de las riquezas materiales no ha sido con todo, la pérdida más significativa infligida por el imperialismo histórico. El genocidio de las razas y culturas autóctonas, reclama por derecho propio, tal categoría.

Poder Instrumental + Creencia Religiosa = Imperialismo

El "poder instrumental" resulta el agente de permanente presencia, en la conducta de los pueblos, tanto desde una óptica histórica como actual. En ese sentido, la conducta de guerra, ha resultado indispensable para la dominación interna, tanto como externa. El imperialismo moderno, diversifica el poder instrumental en varios tipos: económico, cultural, militar e informacional.

Puede argumentarse y así se hace habitualmente, que la creencia religiosa no se encuentra presente en la configuración del capitalismo salvaje o capitalismo tardío. Es cierto, la variable religiosa ha sido sustituida por otro tipo de basamento moral: la *moral utilitarista* propia del neoliberalismo, conducente a un insoslayable *materialismo cultural*, propio de la civilización occidental actual. Todo ello y fundamentalmente, en virtud del dominio ideológico estadounidense sobre el resto del planeta. Si alguien duda de esta influencia, puede pensar en la presencia mundial de la comida basura, de los "jeans", bautizados como prenda cómoda para vestir o la calificación del "rap" como música. Increíble pero cierto.

Sin embargo, el objetivo en el imperialismo moderno persiste y a partir de los 70´, los recursos de Sudamérica, el continente con mayor riqueza material que ha existido nunca, han sido el centro de la obsesión estadounidense, junto a los recursos -sobre todo, petrolíferos- de Oriente Medio. Desde la década de los años 70, todas las naciones sudamericanas sin excepción, han sido el principal objetivo del "hegemón" -líder indiscutible- del capitalismo salvaje: los Estados Unidos de América. Otros autores han suavizado la denominación del capitalismo, con sustantivos y calificativos no tan alarmantes como capitalismo tardío, neocapitalismo, capitalismo financiero o capitalismo internacional.

Con la intención de evadir la constante presión norteamericana, América del Sur y Centroamérica constituyeron la CEPAL -Confederación Económica para América Latina y el Caribe-. Esta institución, creada por naciones unidas en 1948, actualmente cuenta con un fuerte componente científico-técnico, buscando alternativas para el desarrollo económico de la región, al margen del ansia devoradora capitalista. Cómo podrá observarse en un capítulo posterior, todos sus países sin excepción aunque por distintos motivos, atraviesan una situación económica preocupante. A partir de la primera crisis del petróleo, el golfo Pérsico se ha añadido a la lista. La dependencia energética del autoproclamado país más poderoso del mundo, ha requerido del uso continuado de la presencia militar, bajo los manoseados pretextos de colaborar en la defensa de la región del ataque comunista, así como de proporcionar apoyo a la instauración de gobiernos autónomos democráticos.

La nueva *gobernabilidad mundial* -gobernanza- queda de este modo definida, como "la fundación legítima del Estado sobre el ejercicio garantizado de la libertad económica". Se trata del "consenso económico" convertido a su vez, en el principio de relación con el resto de estados neoliberales. La economía libre pasa a ser creadora del "derecho público", es decir, sustento de la legitimidad del gobierno, a la vez que elemento esencial de la identidad del Estado, o expresado de modo alternativo, el modo de hacer existir al Estado, a partir del espacio no estatal de la libertad económica. Por segunda vez en el devenir histórico, la economía se impone a la vida, utilizando como vehículo indispensable, la estandarización de las colectividades humanas, categorizadas y definidas como "masas".

Se revisarán posteriormente, otras de las consecuencias del proceso de *mundialización* de los principios neoliberales, así como el surgimiento de los movimientos de oposición, cuyos objetivos centrales se orientan hacia la defensa de los grupos mayormente perjudicados por una profunda aceleración global. Las percepciones de inseguridad y el vértigo existencial, producidos por una sociedad cambiante e inestable; la oposición frontal y retadora de los defensores de una sociedad equitativa para con el medio ambiente, que ha pasado a convertirse en *emergencia climática* y las necesidades de *igualdad*, con la aparición de nuevas exigencias respecto de unos derechos humanos, más completos y profundamente renovados.

En definitiva, una tendencia al parecer irreversible hacia una revitalización del concepto de gobernanza y de la aplicación de un sistema social global, con dosis de simetría claramente reconocibles, capaz de afrontar y oponerse al principio, de que el liberalismo económico, se encuentra indefectiblemente unido al absolutismo político.

Capítulo VII· El Enemigo Invisible

**"La ciencia y la tecnología revolucionan nuestras vida,
pero la memoria, la tradición y el mito enmarcan nuestra respuesta"
Arthur M. Schelisinger -Historiador y crítico estadounidense-**

**"Una fe estúpida en la autoridad es el peor enemigo de la verdad"
Albert Einstein -Físico austríaco-**

La disputa por los recursos disponibles, ha fraguado en un componente básico y constante en todas y cada una de las especies animales existentes en el planeta. La diferencia exclusiva de los humanos respecto del resto de habitantes del planeta, estriba en el uso indebido de su capacidad de abstracción y análisis, derivada directamente de la adquisición del pensamiento simbólico. En paralelo a la lucha armada por riquezas y posesiones, el invento de la moneda, ha facilitado la segunda estrategia de adquisición de recursos necesarios para la supervivencia.

Una tradición ampliamente aceptada, fija el inicio de la moneda fiduciaria en la antigua Mesopotamia. Con anterioridad a la moneda física, un monje desconocido, utilizó una tablilla de arcilla como pago de los servicios de su ejército mercenario. Al igual que la moneda actual, el calificativo de "fiduciario" proviene de "fe", es decir, de la confianza extendida en el cobro, o mejor, en la promesa del valor del objeto percibido. El contenido del pago expedido por el antiguo monje, concedía la posibilidad de usar el valor expuesto por la tablilla -un título de deuda- como pago de los servicios sexuales de un grupo de mujeres creyentes, que a su vez, deberían posteriormente acudir a solicitar del monje, su perdón por la falta cometida. Así, el monje había cerrado el círculo. Mediante el uso de un símbolo unido a la fe religiosa, había obtenido el poder sobre los grupos clave que necesitaba para conseguir el poder sobre la comunidad. En lenguaje del moderno marketing, había dominado sus *grupos de interés* -steakholders-.

Cuando el conquistador español Francisco de Orellana, arribó al territorio de los Mayas en el siglo XVI, observó el papel meramente decorativo del abundante oro. De forma inmediata, intuyó su posible valor como distintivo de riqueza y se lanzó a una guerra exterminadora, por la consecución de la mayor cantidad posible del metal, que constituiría con el tiempo la principal fuente de intercambio comercial, extendiéndose esta práctica, incluso a la era moderna. Las reservas de oro de los países, avalaban su capacidad de compra y sobre todo, de endeudamiento. La utilización generalizada de la moneda como unidad de intercambio y también de valoración, se debe a la intensa y febril actividad comercial de los Fenicios.

A partir de que Richard Nixon en 1971, firmara la ley que terminaba con la norma de respaldo de las reservas de oro al valor monetario, el papel moneda, el apunte electrónico y las tarjetas de crédito, son utilizadas de idéntico modo que la antigua tabla de arcilla, es decir, como promesas de pago. La deuda, pues, es el verdadero objetivo comercial de individuos, instituciones, corporaciones financieras y de los propios Estados. El verdadero motivo de la nueva conformación de la economía definido por la ley del presidente norteamericano, tenía su origen en el crecimiento desmesurado de la deuda externa de Estados Unidos, debido al continuo gasto armamentístico producido por las largas e infructuosas guerras de Corea y Vietnam que había excedido con mucho, las reservas de oro estadounidenses.

En la ciudad de Menphis, en el estado norteamericano de Tennesse, resulta un hecho común la subasta de todo tipo de bienes, como coches y casas, con el objetivo de saldar las deudas pendientes y disfrutar de una segunda oportunidad de vida, sin el lastre inhabilitante de las deudas pendientes. Conocidos individuos como Henry Ford utilizaron esta opción.

El caso del inteligente monje, constituye un claro ejemplo del valor que se le concede actualmente al dinero fiduciario: resulta ser uno de los dos principales medios de *dominio* de la población general. La metodología necesaria, se centra en el modo utilizado para la *generación de deuda*. Un individuo o país, se convierte de modo automático en deudor, cuando recurre a medios de financiación externos, sea cual sea su denominación oficial. De este modo, los pequeños países del tercer mundo, cuyas economías denominadas "monocultivo", suelen apoyarse en uno o a menudo, dos recursos o bienes internacionalmente deseados, se encuentran en la desfavorable condición, de carecer de los medios instrumentales, pero sobre todo, de los recursos tecnológicos para su transformación, que realmente constituye el valor esencial del producto acabado.

Sin embargo, las empresas transnacionales que poseen los recursos y los conocimientos tecnológicos, se adueñan del proceso productivo y comercializador de los productos, incorporándolos al circuito mundial de oferta. La escasa retribución percibida por las economías originarias del producto, produce el desagradable e injusto efecto, de imposibilitar la cobertura de sus mínimas necesidades de la población. En definitiva, se empobrecen.

En ese momento, deben necesariamente, recurrir a la solicitud de préstamos, normalmente ofrecidos por el Banco Mundial, bajo el eufemístico rótulo de "préstamos para el desarrollo". Los tipos de interés son normalmente insasumibles para cualquier pequeña economía, con lo cual, éstas deben solicitar un nuevo préstamo o su prolongación, para asumir la deuda existente. Así el círculo vicioso, continúa indefinidamente. De este modo, se añaden nuevos contribuyentes, al ya numeroso grupo de países deudores. Nunca en toda la historia de la economía moderna, ningún país ha sido capaz de cancelar la deuda adquirida.

Plauto, un comediógrafo griego que vivió desde 254 al 184 a. C., acuñó la famosa frase "el hombre es un lobo para el hombre". Sin embargo, fue popularizada por el filósofo inglés, Thomas Hobbes en el siglo XVII, afirmando que el *egoísmo,* constituía el principal motivador de la conducta humana. Esta condición, fue tenida en cuenta por los primeros economistas clásicos, Adam Smith y John Stuart Mill, quienes añadieron una condición fundamental más, para el adecuado funcionamiento del mercado: la escasez del bien deseado, es decir, del dinero. No contaban evidentemente, con la aparición de dos elementos distorsionadores de la supuesta libre competencia, como la *corrupción* y la *avaricia* desmesurada, inherentes al teórico sistema de "libre competencia".

Los poderes fácticos, se han ocupado del cumplimiento de estas condiciones. Tanto los gobiernos de corte neoliberal, los poderes legislativos y ejecutivos, las principales corporaciones de los sectores estratégicos y las grandes monopolios capitalistas internacionales, han procurado mantener la situación de privilegio, facilitada por el inmovilismo y la dependencia social.

Gobierno Coercitivo

+

Peso de Historia Distorsionada

+

Tendencia al Finalismo Histórico

+

Realidad Artificialmente Construida

=

Inacción Social

La firmemente instaurada tendencia a la dominación del colectivo social ha constituido una constante histórica. La suma de creencias con un alto componente de falacias construidas artificialmente se han dirigido principalmente a asegurar las condiciones de inacción social y la ausencia de movimientos de protesta consecuentes, con el objetivo de facilitar la acción de coerción de los sistemas que ostentan el poder fáctico. Utilizando ciertas condiciones del intelecto humano, como el pensamiento abstracto o simbólico y la tendencia a la atribución de un finalismo a los hechos históricos, se ha construido un relato interesado y falseado, dirigido a la consecución de un colectivo social masificado e inoperante. Fuente: Elaboración propia.

Una de las principales premisas operativas o de actuación, de la ideología neoliberal -que se revisará en el próximo capítulo-, consiste en la plena aceptación de la falacia conceptual que predica la posibilidad de resolución de situaciones o tendencias complejas mediante recetas o soluciones simples. En ese sentido, las élites defensoras de este tipo de ideología, se han limitado al seguimiento impenitente de las recetas simplistas, tanto en la esfera económica como social; todas ellas giran en torno a un concepto central: la implantación de un modelo social, en el que la representación de la idea del "otro", se denigra o desconsidera.

La totalidad del colectivo femenino en Islandia, protagonizó una huelga en el año 1975, en defensa de la abolición del denominado "techo de cristal", consistente en las limitaciones comunes en la mayoría de las democracias occidentales, relativas al protagonismo femenino en la sociedad y por supuesto, en el plano laboral. El resultado, no por previsible fue menos impactante: el país se paralizó por completo. En la actualidad, este país dispone de un método de cuotas referentes al sexo en la cobertura de puestos directivos, tanto en el entorno laboral como político. La presidenta del gobierno es una mujer -Gudni Thorlacius Jóhannesson-. La cuota operativa para ambos sexos, no puede rebasar el 60 %. Como curiosidad, los grandes bancos cuentan con 70 miembros femeninos en sus estamentos directivos. Islandia superó la crisis financiera de 2008, tan solo en dos años.

Finlandia sorprendió al mundo, cuando en las estadísticas mundiales de rendimiento académico -PISA y TIMS-, obtuvo el primer lugar en rendimiento escolar, hecho doblemente sorprendente, por cuanto sus jornadas lectivas, son la mitad que las habituales en otros países y los alumnos no tienen deberes para el hogar. Esto no ha sido siempre así. A partir de la profunda restructuración de la ley de educación, llevada a cabo a mediados de los 80´, se decidió que la auténtica finalidad de la educación, debía centrarse en obtener personas capaces y como principal meta lectiva, se perseguía la felicidad de los estudiantes. El nivel competencial de la totalidad de los colegios actual, es tal, que el mejor colegio posible, se encuentra en un perímetro cercano a la residencia de cualquier ciudadano. Por tanto, los padres obvian la tarea de buscar un centro educativo. Ésto, redunda en un beneficio adicional, ya que en el modo de desplazamiento principal; se acude al colegio andando o en bicicleta.

Los países escandinavos en su conjunto, obtienen las puntuaciones más altas en las encuestas mundiales relacionadas con satisfacción con su vida personal y su trabajo. En Noruega, el profesorado es considerado una de las profesiones más prestigiosas de todo el abanico profesional. Además de ésto, su sistema penitenciario se ha fijado como meta esencial de su diseño la rehabilitación de los reclusos, un hábito común en toda la comunidad escandinava.

El secreto del éxito del conjunto de los países nórdicos, ha consistido probablemente en la combinación de distintas concepciones y en realidad opuestas, en el momento de diseñar una sociedad para *vivir*. Mientras que su modelo económico sigue siendo el capitalismo, en el área de bienestar general, se ha optado claramente por una visión socialdemócrata, es decir, se ha roto el concepto uniforme de concepción del modelo social. Una expresión pronunciada por un técnico de la administración sueca, aclara perfectamente el acercamiento a la utopía social de la obtención del bienestar general: "Aquí..-en Suecia- son muy pocos los que tienen mucho, pero aún son menos los que tienen muy poco". No se puede expresar con mayor claridad.

No se trata de comunismo. El movimiento comunista en su aplicación práctica, ha resultado un fracaso común a todos los países que han adoptado este sistema de gestión socio-económica; su error primario según numerosos analistas, ha consistido en perder en la difícil transición de la teoría a la práctica, los ideales revolucionarios en el camino; se ha traicionado la necesaria democracia social.

Fuera del ámbito geográfico de la península escandinava, numerosos ejemplos de políticas sociales orientadas a la inclusión social, favorecen el ansiado clima de paz social y compromiso colectivo. En Eslovenia, los estudios universitarios son completamente gratuitos. La figura del estudiante universitario, endeudado con préstamos para sus estudios, es inexistente. Muchos universitarios norteamericanos, se han trasladado a este país, asfixiados por las deudas que tardarían años en cancelar aún después de encontrar empleo. A diferencia de Canadá y Estados Unidos, cualquier intento de subida de las tasas de matriculación, es respondida de forma automática por huelgas generales de estudiantes.

Alemania, posee un sistema de atención sanitaria gratuito para los trabajadores, que incluye las patologías de tipo emocional y psicológico. Este colectivo -los obreros o trabajadores- participa activamente en la mejora de los sistemas de trabajo. Los estamentos directivos promueven la presencia de trabajadores en las juntas directivas de las empresas. Los departamentos de recursos humanos, consideran esta participación indispensable para la mejora de la producción y el rendimiento. Podría pensarse legítimamente, que la ética protestante imperante en estos países, promueve la tendencia hacia el progreso, la disciplina y el bien común, pero se constatan tendencias inclusivas, en otros países europeos de tradición católica.

Una de las fábricas italianas de mayor visibilidad mundial, Ducatti, cuenta con una fuerte presencia sindical, pero lejos de oponerse a la dirección, motiva a sus afiliados en orden a colaborar del mejor modo posible en la producción. En el área de la dirección, los tres hermanos propietarios, mantienen la firma creencia, de que con el necesario superávit económico, destinado a la supervivencia de la empresa, el bienestar colectivo constituye sin duda alguna, el objetivo corporativo prioritario. Italia ofrece a los trabajadores un promedio de vacaciones pagadas que oscila en torno a 80 días por año y uno de los permisos de paternidad más largos de Europa, aunque la tendencia europea en este punto, camina hacia la equiparación.

Más al sur, en Francia, los comedores escolares representan un ejemplo modélico, de la forma de gestionar la alimentación de los alumnos. Junto a menús diarios variados y ricos dignos de algunos restaurantes, un representante municipal se reúne mensualmente con la dirección del colegio y los responsables de la cocina, para supervisar el plan de alimentación. En pleno sur, en Portugal, el descenso en el consumo de drogas ha caído de manera espectacular en la última década. Por encima de la despenalización de la tenencia y consumo -común a otros países, especialmente sudamericanos como Uruguay-, el motivo principal de este dato, expresado por los propios mandos policiales, consiste en la fijación y defensa de la *dignidad* como pilar esencial y valor central en el entramado social.

Por último, en África, concretamente en Túnez, cuya religión musulmana contiene un componente de alto grado de creencias de origen fundamentalista, las manifestaciones generalizadas y continuas de las mujeres, han conseguido que el Estado ponga en marcha clínicas exclusivas para la atención femenina, en un país con un pasado masacrado por el abuso hacia el sexo femenino. Un influyente líder religioso -Ayatolá-, defendía públicamente el necesario distanciamiento, entre las creencias y comportamientos sociales y aquellos incluidos en los ámbitos individuales o privados.

La consecuencia directa de este tipo de valores inclusivos, se refleja directamente, en el necesario "grado de cohesión social", necesario para una adecuada gobernabilidad y el progreso real consecuente de las sociedades que aplican dicho tipo de valores en la definición y posterior implementación, de su política social. Expresado de otro modo, el ciclo o "círculo vicioso", consecuente a un gobierno o normativa social coercitiva, se transforma en un "círculo virtuoso" en el que la *aceptación* social mayoritaria, sustituye al rechazo y la oposición muta en colaboración; el equilibrio del sistema social se restablece en estas condiciones.

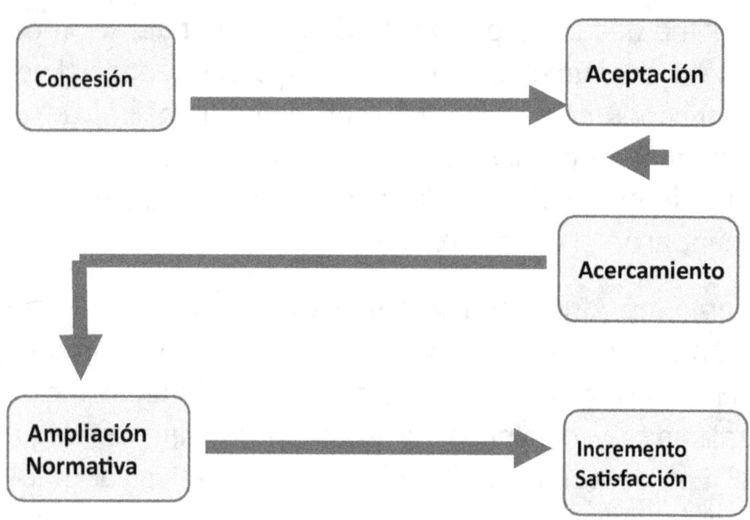

El cambio en el esquema de equilibrio aplicable a cualquier tipo de sistema complejo adaptativo, pasa de un círculo vicioso basado en la oposición a un círculo virtuoso, en el que el reconocimiento de los aspectos vitales del colectivo social, son bien aceptados generando un sentimiento positivo hacia la institución, normalmente reeligiendo a la administración en las urnas. El proceso continúa con la ampliación y mejora de la norma en vigor o la adición de mayor cantidad de normas que son nuevamente bien valoradas. De este modo, un mayor grado de cohesión y calma social, se traduce en una mejor gobernabilidad, condición ineludible para el verdadero progreso social. Fuente: Elaboración propia.

Capítulo VIII· El Peso de la Historia

"Es más difícil romper un prejuicio que un átomo"
Isaac Newton -Físico británico-

"La Naturaleza nunca busca la inteligencia hasta que el hábito y el instinto son inservibles. No existe inteligencia donde no hay necesidad de cambio"
H. G. Wells -Historiador y filósofo británico-

Una de las principales causas que impiden el desarrollo social fomentando el inmovilismo, estriba en la concepción de la "sucesión temporal" de hechos significativos, tal y como han sido oficialmente contados y que constituyen el patrimonio histórico de la sociedad industrial occidental. La historia se define académicamente como la "Disciplina que estudia y expone, de acuerdo con determinados principios y métodos, los acontecimientos y episodios que pertenecen al tiempo pasado y que constituyen el desarrollo de la humanidad, desde sus orígenes hasta el momento presente, además y complementariamente como el "Conjunto de estos acontecimientos y hechos, especialmente, los vividos por una persona, por un grupo o por los miembros de una comunidad social".

Ciertamente, la consecuencia de mayor relevancia respecto a la consideración de estas definiciones, comporta la atribución a la cronología de acontecimientos significativos pasados de una determinación, *finalidad* o teleología, que definen o al menos coartan, las acciones futuras de la humanidad como conjunto. Cuando Benedetto Croce declaraba que "toda la historia es historia contemporánea" significaba preferentemente, el hecho de que la historia consiste esencialmente, en ver el pasado con los ojos del presente y a la luz de los problemas que intrigan, o cuanto menos, impactan a los humanos actuales. La hermeneutica -disciplina de estudio para la interpretación de los textos-, se presenta como la posibilidad de realizar una narrativa o relato coherente, que define como corolario la identidad personal o grupal actual, en ocasiones, marcadas por una lógica tanto "aporética" -ausencia de validez- como "poética" -idealización de los sucesos-.

Tradicionalmente, se han utilizado cuatro tipos de estrategias o metodologías para el abordaje del relato histórico. El *positivismo,* establece el intento de objetivación de las grandes efemérides pasadas, como son los personajes, las grandes batallas o las celebridades históricas. Iniciada por Augusto Comte en el siglo XIX, ha sido utilizado como metodología de trabajo, por distintos autores significativos en las variadas disciplinas de estudio; Emile Durkheim -sociología-, Herbert Spencer -antropología, filosofía- o John Stuart Mill -economía-. Los supuestos implícitos en este modelo, pretenden aislar y resaltar como objetivo último, los grandes fines del progreso moderno y del orden social. En este sentido, cualquier tipo de aseveración que transgreda estos límites, debe ser automáticamente excluida de la narración oficial. Mantiene con todo, una de las afirmaciones de mayor carga negativa para la evaluación de las configuraciones sociales posteriores, consistente en la identidad de actitudes o tendencias pasadas con las actualmente deseables, es decir, realza los comportamientos o hechos negativos, presentes en la sucesión histórica de los acontecimientos.

El siglo XIX, mostró un elevado índice de convulsión social que afectó frontalmente a la consideración de los eventos sociales, que conformaban un pasado protagonizado exclusivamente por las élites y sus acciones. Se consideró preciso, incluir aquellos acontecimientos protagonizados por los movimientos sociales, como el campesinado o los obreros, que indudablemente habían modelado la realidad. Comenzó de este modo, el *historicismo* como disciplina del estudio del panorama pasado. La tendencia fue iniciada ese mismo siglo, por Karl Werner en Alemania, bajo la premisa fundamental de "todo se resuelve en la historia". Resulta obvio señalar, que la carga *determinista* y lineal de la historia resulta unívoca, a la vez que secuencial, con una capacidad causal total respecto de las circunstancias posteriores. Autores como Williem Dilthey, se encuentran entre los artífices más representativos de esta tendencia metodológica.

Con escaso margen para la duda, el enfoque de mayor impacto posterior recae en el *materialismo histórico,* liderado en Rusia por Karl Marx, basado en grandes precursores de la filosofía, a través del recorrido histórico y no como se cree, únicamente en Engels. A partir de la aseveración del griego

Demócrito -siglo V a. C.-, acerca de que "el ser humano se reduce a lo material", filósofos ilustres como Thomas Hobbes o Ludwig Feuerbach, consolidaron la influencia del factor material o económico como determinante histórico. Marx tomó de Hegel, el concepto de *dialéctica* que constituye claramente, en opinión de muchos analistas, la mayor aportación conceptual aportada a la filosofía, la economía y a la propia historia. La realidad siempre en movimiento -otra aportación procedente de la filosofía griega-, se resuelve por medio del enfrentamiento de situaciones o conceptos opuestos, como por ejemplo, el capital y el trabajo. Las posiciones reales son por tanto, duales y forman una tesis contrarrestada por su opuesta -antítesis- que normalmente, configuran una faceta compuesta o negociada, la *síntesis*.

La última de las metodologías de estudio histórico, nace ligada a una revista fundada en Francia,en el año 1929 por Marc Bloch y Lucien Fevre y denominada "Escuela de los Annales". En la década de los años 60, Fernand Braudel se erige en el principal teórico de este movimiento, cuyo signo distintivo se caracteriza por una afirmación que puede resultar obvia: la consideración del concepto histórico como un proceso de larga duración. No tanto así, resulta la incorporación al intento descriptivo pasado de una serie de temas que se encuentran ya en los eventos protagonizados por las élites, bien sean de carácter intelectual o económico. Así se incorporan al discurso relevante, epígrafes como la sociedad en general, la demografía, el tratamiento de las minorías y la situación de las mujeres o la familia.

Las décadas de los años 80 y 90, son testigos de un cambio metodológico en la óptica analítica de la historia, incorporando la *semiótica* -el análisis del lenguaje- a la valoración del *discurso* histórico; continúan incorporándose epígrafes necesarios para la comprensión global del pasado, como el amor, la sexualidad, la comida o el vestido. Puede afirmarse que esta última óptica analítica, posee un mayor grado de acercamiento a la construcción social real con mayor detalle descriptivo.

No obstante, el análisis de los sesgos del relato histórico aparecen con mayor claridad, si se utiliza el esquema simple propuesto por la "teoría de la información".

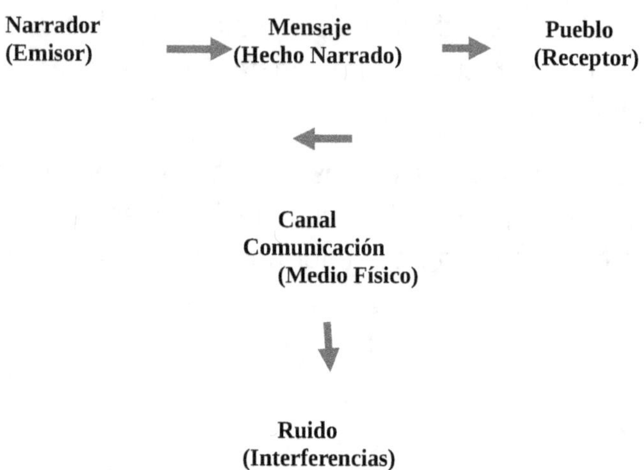

La teoría de la información propone un sencillo esquema acerca del modo de transmisión de una información concreta con independencia de su naturaleza, o grado de complejidad. Sus normas básicas se cumplen en la práctica totalidad de ocasiones. Un determinado narrador o emisor del mensaje, utiliza un canal concreto de naturaleza física para comunicar un mensaje a un determinado grupo de receptores. Durante la emisión, siempre se producen una serie de interferencias o ruidos, atribuibles a múltiples causas como el uso de metáforas o ideología previa, tanto atribuible al emisor como al receptor, además del contexto socio-económico existente en ese momento. Fuente: Elaboración propia.

Las carencias de mayor peso distorsionador, recaen en el primero de los factores de la ecuación -el emisor-, contaminando el segundo factor -el hecho narrado-. Normalmente, el narrador sea cual sea su origen o época, realiza un ejercicio hasta cierto punto forzado con el objetivo de dotar de *coherencia* el discurso que normalmente, adquiere un formato *representativo*. Condicionado por lo que algunos autores han denominado "trampas del lenguaje", resulta inevitable que se aporte al discurso histórico un referente *cultural,* inherente a la propia lengua en que se expresa. Directamente relacionado con ésto, George Orwell en su famosa obra "1984", se refiere al intento del Gobierno dictatorial de reducir el lenguaje oficial de la población -la Neolengua- a un 30 % de términos permitidos, consciente de que el lenguaje resulta ser un protagonista esencial, por no decir, determinante, en los procedimientos analíticos y discursivos humanos.

La exigible aunque errónea, necesidad de coherencia en el relato, comporta la adjudicación de la *causalidad* de hechos considerados como determinantes históricos a elementos que constituyen a su vez, valores bien considerados socialmente y ésto a través de todas las etapas pasadas. Por ejemplo, en 1779, una coalición de tropas hispano-francesas, se disponía a proporcionar ayuda a George Washington, que se encontraba en una preocupante situación frente al ataque de las tropas imperialistas inglesas. Benjamín Franklin, probablemente colaboró en el surgimiento de la célebre idea de dirigir el ataque directamente a Gran Bretaña, debilitada por la dispersión de sus tropas. En el mes de Julio, se agruparon frente a Galicia -España-, 150 barcos -de los cuales 128 formaban la "Escuadra Invencible" española-, con la intención de cruzar el Canal de la Mancha. Pero los hombres de la escuadra francesa -aliada de los españoles, en esta ocasión-, se vio afectada por una ameba -Entamoeba Hystolitica- causante de más de 175.000 muertes en Francia, originando una enfermedad altamente contagiosa, con síntomas inhabilitantes, como inflamaciones intestinales, diarreas, fiebre e incluso la muerte. La flota del Almirante D´orvelliers, tuvo que regresar al puerto de Cádiz. En ese momento, se desató una enorme tormenta, que arrojó los barcos fuera del Canal de la Mancha. Los españoles, después de repetidos intercambios de mensajes con el monarca español, Carlos III, se dirigieron hacia Norteamerica, donde desembarcaron en las Playas de Florida y liderados por Bernardo Gálvez y el general Lafayette, vencieron a las tropas inglesas. Los libros oficiales de historia, atribuyeron el fracaso de la Armada, lógicamente a la influencia de los elementos naturales, en concreto de una gran tormenta atmosférica.

Relacionado con la regla de coherencia, se encuentra el enfoque reduccionista, ofrecido por el hábito mental, que asume la "linealidad" de los acontecimientos. Una estrategia básica de la comprensión humana; una causa para una consecuencia. El detonante oficial de la primera guerra mundial, ha sido considerado el asesinato del archiduque Francisco Fernando, heredero del trono austro-húngaro, el 28 de Junio de 1914, por un terrorista serbio. Las causas reales del conflicto, sin embargo, resultaron contener una mayor profundidad. La enemistad entre Francia y Alemania provenía de 1871, fecha en la que los alemanes arrebataron a los franceses la región de Alsacia-Lorena. De otro lado, Inglaterra y Alemania, mantenían una dura competencia en la política colonial y en la industria del rearme marítimo. Por último, el antiguo imperio austro-húngaro se enfrentaba directamente a Rusia por el dominio de los Balcanes.

El tercer componente de la ecuación propuesta por la teoría de la información, el "receptor" o destinatario de la información, aporta a la visión histórica sus propios condicionantes. El primero de ellos, se refiere a las condiciones personales específicas como por ejemplo, los *intereses* concretos del receptor. Los restantes factores conformadores de la personalidad individual, como la ideología, cosmovisión, nivel educativo y valores, condicionan evidentemente, la interpretación del relato histórico. De este modo, la premisa del enfoque *constructivista* de la realidad, que define la configuración "cultural" de cualquier hecho propio del conocimiento humano, emerge como una clave explicativa de peso relevante. Todo ello, contribuye a generar un grado de *ruido* o interferencia global, que prácticamente invalida la versión oficial de la historia conocida, especialmente aquella que se refiere a los hechos con trascendencia social. Debe añadirse que en la mayoría de ocasiones, cualquier hecho pasado significativo es relatado por un sujeto, grupo o nación dominante en un determinado momento. En la actualidad, resulta indudable el efecto del imperialismo cultural, ejercido por los países anglosajones, en la definición de la historia aceptada generalmente por el colectivo social occidental.

El promedio de los individuos adscritos a sociedades avanzadas, interpreta la realidad sencilla mediante las experiencias personales. De este modo, otorga *significados* a componentes relacionales, familiares o sociales, en función por ejemplo, de los resultados de sus experiencias pasadas concretas, referidas a sus amistades, el esfuerzo por el estudio o la experiencia con el trabajo. En la medida en que la complejidad de la situación, eleva su grado de dificultad para una eficaz interpretación, la atención del individuo se desplaza a otro tipo de fuentes de información. Una de las principales, consiste en la *narración* ofrecida por agentes sociales representativos, que conllevan un nivel supuesto de autoridad o competencia, como instituciones especializadas, gobiernos o agentes sociales de prestigio.

Los gobiernos ofrecen explicaciones coherentes, relativas a su relación con otros países. La información transmuta indefectiblemente, en un *relato* que configurará finalmente, una *representación mental* de una situación dada en el individuo receptor. Los canales de mayor influencia, son evidentemente, los "grandes medios de comunicación como cadenas de televisión, periódicos y revistas especializadas. De este modo, La verdad no es universal ni la historia viene dada. La realidad siempre se construye y además, posee una intencionalidad definida.

Las ideas como componente básico de una situación histórica, consisten en significados e imágenes colectivas. Los significados colectivos, vienen a definir la realidad, son nociones compartidas sobre la naturaleza de las relaciones sociales y tienden a perpetuar hábitos y expectativas sobre el comportamiento general. El poder en este plano, no reside solo en las fuerzas materiales sino en las relaciones sociales y las luchas, entre fórmulas prevalecientes y alternativas, a la hora de interpretar la realidad. De este modo, puede concluirse que el poder en este plano, recae o se ejerce, desde los grupos con mayor acceso a los grandes medios de comunicación social.

Debe recordarse que la cualidad del *pensamiento abstracto*, ha concedido al homo sapiens, la posibilidad de imaginar y proyectar realidades -vividas o no- y un hecho de mayor importancia aún, la adjudicación de *significado,* a un hecho concreto. Algunos autores, han denominado al proceso de creación de significados construidos "la trampa del lenguaje", mediante el cual, las palabras forman conceptos y estos transmutan, en realidades aceptadas globalmente. La realidad social, adoptaría pues, un formato fundamentalmente *ideacional* o representado. En ese sentido, el relato histórico "fuera de contexto", es decir, sin la mención de las circunstancias determinantes en que ocurren los hechos decisivos, constituye un elemento distorsionador de amplia repercusión en el futuro de los grupos directamente afectados y de aquellos segmentos sociales, indirectamente relacionados con ellos.

Autores como Ulrich Beck y antes Anthony Giddens, han convertido en relevantes los conceptos de "sociedad reflexiva" y "sociedad del riesgo", con referencia directa a los avances tecnológicos, así como, al modelo de sociedad en construcción, la denominada "sociedad posmoderna". El rasgo común a ambos enfoques, recae en la "aceleración" incremental de los sucesos, percibida en general, por el colectivo ciudadano. Un ritmo vertiginoso y creciente, que origina en muchos grupos especialmente aquellos más vulnerables, una sensación de desconcierto, vértigo e inseguridad vital. El sociólogo Oliver Cox, resalta que la combinación de fuerzas dentro de una estructura histórica concreta, determina el orden social. Se refiere a tres componentes en ese proceso: el sistema productivo, la forma de gobierno, o mejor, del Estado y el orden mundial.

Una querencia humana generalizada, se refiere a aquello que "pudo haber sido y no fue", es decir, la proyección de la imaginación acerca de la posibilidad de un panorama históricamente distinto si el devenir de los acontecimientos hubiera sido otro, dentro de aquellos posibles. Este ejercicio proyectivo, se ha concretado en un en un camino afortunado que contiene distintas especialidades, tanto ligadas a la realidad como a la ficción. Para disfrute de la gran mayoría de personas, la *ucronía* o el relato de visiones alternativas a la realidad, ha constituido una actividad enorme, originando alternativas tanto de ficción como utópicas, en formatos sobre todo escritos, aunque también filmados. Relatos de un gran abanico de géneros han inundado la literatura, la música o el cine, afortunadamente.

Capítulo IX· Y el Inquilino se convirtió en Huésped

"Una creencia no es simplemente una idea que la mente posee, es una idea que posee a la mente"
Roger Bolt -Escritor y guionista británico-

"El hombre nace libre, responsable y sin excusas"
Jean Paul Sartre -Filósofo y escritor francés-

Los descubrimientos científicos, mostraron su cara más oscura durante el denominado "Siglo de las Luces". La mecánica newtoniana junto al darwinismo adaptativo, favorecieron el desplazamiento de las viejas nociones de creación, hacia la convicción de la posición central del hombre en el universo. El "mecanicismo", se extrapoló directamente desde el ámbito físico a la esfera de la acción social en toda su extensión, es decir, el conjunto de reglas válidas para el Universo físico, se generalizaron directamente al ámbito económico y social; surgió en ese momento, la permanente e imborrable presencia del "determinismo", como axioma dirigista del comportamiento humano en todas sus actividades.

En el área económica, La *estandarización* y la *maximización*, se convirtieron en un "desideratum" genérico en la actividad de la producción industrial. El mercado según esta creencia, debía tener la máxima extensión posible y lo que es más importante, debía regularse por sí mismo sin intervención externa, al igual que el universo físico,del que extraía su funcionamiento mecánico. La expresión "Deus es machina", asoció indefectiblemente el péndulo de movimiento eterno, también originado en las reglas newtonianas al comportamiento económico.

El progreso se estableció como máximo objetivo, con la consideración de los recursos adicionales ambiental y humano como capital, es decir, considerados como infinitos e intercambiables. El "progreso ilimitado", adquirió la categoría de un derecho, a la vez que de obligación moral. En este mismo instante, el poder quedaba vinculado al progreso siempre en nombre de una falsa y frágil liberación humana. Por segunda vez en la historia -después del la primera fase del imperialismo- se produjo una generalización absoluta de la *subjetividad,* correspondiente a una clase socio-económica determinada. Igualmente, se incurrió en una falacia conceptual, que ha perdurado hasta nuestros días; comenzó la coacción de la verdadera libertad del individuo en nombre de un poder abstracto, que ha intentado desde ese mismo momento, dirigir y conformar las bases primarias de la conciencia humana.

La ideología primariamente liberal, aplicada a la concepción de la "estructura social", despreciaba también automáticamente, las tendencias "estatistas" y "nacionalistas", así como aquellas de carácter utópico, que surgieron en el período de gestación de la nueva cosmovisión dominante, esto es entre los años 1750 y 1900.

La destronada religión, había hecho de la "liberación" su principal estandarte, pero con un fatal matiz: el aplazamiento de la recompensa contingente, hasta la nueva vida. La inmediatez del disfrute de los frutos económicos, constituye un rasgo inherente del movimiento liberal. Los autores utópicos, pasaron a ocupar una irrelevancia interesada. Russeau, Fichte y Hegel, por el sentido de sus doctrinas; Saint-Simon con la nueva cristiandad, Adam Smith con su estado absoluto, Comte con la sociedad positiva, Marx con su proletariado o Gabineau con la visión racista. Todos ellos fueron retirados de las estanterías liberales.

En cambio, fueron sustituidos por doctrinas más amigables y favorecedoras del enfoque neoliberal o adaptaciones de las propuestas originales. Un claro ejemplo, los constituye el enfoque sociológico de Spencer, cuya aplicación fue interesada y parcial, olvidando la premisa central, acerca al ideal de libertad opuesta a cualquier tipo de opresión política o coerción religiosa. La visión liberal si tuvo en cuenta, la posibilidad de utilización de la *coerción* estricta, cuando se consideraba necesaria, puesto que la plenitud humana podía alcanzarse únicamente mediante la pertenencia a un grupo social, religioso o político.

Siguiendo las lineas maestras de la argumentación liberal, las posiciones opuestas a la aspiración de "libertad individual" completa, fueron consideradas un estorbo. No existían opciones para los auténticos políticos liberales estadounidenses, como Roosevelt o Wilson, que propugnan la necesaria participación del Estado o para Hobbouse que enarbolaba la conocida sentencia "Por medio del Estado, se conjugan el progreso individual, económico y social". Se sustituyeron este tipo de aseveraciones, por las profecías auto-cumplidas de los profetas del futuro, tales como Lincoln Steffens, con su lapidaria máxima adivinatoria: "He visto el futuro y os aseguro que funciona". Hacía referencia lógicamente, al devenir de un mundo dominado por la lógica neoliberal.

El movimiento liberal asume incluso hoy en día, las bases de un *racionalismo* extremo. En primer lugar, identifica el total acuerdo entre la realidad social y la realidad universal o física, incrustando a la fuerza, un falso principio de *coherencia*. Probablemente, descansa en su sustrato ético, el componente que ha generado un mayor daño de todo el abanico de influencias neoliberales. Las *verdades absolutas*, congénitas en el *pensamiento único*, proveen de un gran espectro de *certezas*.

La fe absoluta en el "valor del pasado" representa probablemente, una de las creencias que mayor impacto negativo ha causado a la sociedad civil. Todo el peso y bagaje excusatorio de las acciones personales y sociales, extraen de esta visión determinista, finalista y simple, su justificación. Resulta curioso que los dirigentes estadounidenses, denominen "historia" al pasado de una sociedad con solo 200 años de antigüedad.

Una nueva convicción perpetuada presente en el inamovible ideario neoliberal, se encuentra en la firmemente instalada creencia de que la sociedad occidental es "noble y superior". Las actitudes y conductas racistas de los principales dirigentes mundiales que comparten la creencia neoliberal, origina directamente, situaciones de injusticia y facilita la emergencia del desencanto social y de manifestaciones de protesta. Es el caso de las constantes manifestaciones de Donald Trump, en Estados Unidos y de Jair Bolsonaro en Brasil, contra los "dreamers" -migrantes hispanos- o los miembros de la raza negra, azotados por una brutal represión policial.

La cosmovisión liberal, ha experimentado un doble bucle ideológico. A principios del pasado siglo, el complicado episodio que permitió a la Reserva Federal acuñar moneda papel, abrió un nuevo horizonte de acción. El nuevo triunfo, fortaleció la creencia en la meta-creencia en el "crecimiento económico", a la vez contemplado como camino y necesidad. La formación de las élites, tanto económicas como políticas, ha facilitado la apropiación de la mayoría de los avances tecnológicos, definiendo otra regla inequívoca, motivadora del comportamiento autoritario.

En el colectivo conservador, han encontrado cobijo los principales "movimientos negacionistas" y reaccionarios, ante hechos incontrovertibles provenientes de la investigación científica y del desarrollo técnico. Públicamente, se han negado, tanto el "calentamiento global" como la incidencia de la actual amenaza pandémica. Todo ello, desoyendo evidencias científicas comúnmente aceptadas, como las derivadas del estudio titulado "Los Límites al Crecimiento", publicado en la década de los 70, firmado por el matrimonio Meadows y patrocinado por el Club de Roma. La conocida frase de Keneth Boulding que expresaba "Todo aquel que considere posible un crecimiento ilimitado en un planeta con recursos limitados, o es un economista o un loco", tiene en este estudio su origen. Puede añadirse a esta sentencia, que simplemente basta ser un autoritario conservador para defender este nefasto principio.

El valor de la "vida en el universo", otra de las creencias conformadoras del ideario conservador, se ha visto potenciada por un ejercicio religioso, claramente tintado de una notable carga hipócrita. Mientras una gran mayoría de sus miembros activos, seguidores o simpatizantes acude a la misa dominical, trama la forma de perpetuar la oposición a las reformas sociales, orientadas a la obtención de beneficios redundantes en el bien común. Es el caso de la oposición del Partido Republicano norteamericano a la lay de reforma de salud pública, iniciada por Barack Obama - Obama care-. El sistema privatizado y elitista de salud en este país, sigue ignorando los 40 millones de personas sin ningún tipo de atención sanitaria.

En otro ámbito, el modo de realización de los negocios se encuentra presidido por dos estrategias centrales, soportes de la esencia misma del sistema y fuente inagotable de corrupción e ilegalidad. El "clientelismo" y el "amiguismo", configuran un dorado y blindado sello distintivo para el privilegio y el clasismo. La aceptación de que la actividad económica, debe predominar en las decisiones sociales, en nombre de un falso realismo y pragmatismo social, resulta una de las principales premisas de la actividad neoliberal. Debido a la necesidad hipócrita de justificación moral, este exacerbado grado de pragmatismo deriva en la imposición de un absoluto *materialismo social,* acompañado por el *utilitarismo,* ambos utilizados como normas de conducta aceptadas en moral social universal, es decir, el neoliberalismo ha moldeado una "ética ad hoc". Expresado de otro modo, para el pensamiento neoliberal, todo aquello que es útil es bueno.

La ganancia traducida en "sobreacumulación" de recursos económicos, constituye el fin y todo razonamiento o acción opuesta, resulta inadmisible para la ideología neoliberal. La principal consecuencia de la premisa, resulta en que el aparato económico sigue produciendo un formato de *juego de "suma 0",* en la actividad económica mundial; para que unos pocos obtengan el beneficio, otros muchos deben perder. El conformismo social o *indefensión aprendida*, se ha generalizado de nuevo ante el peso de la globalización. Un análisis riguroso con todo, no puede aceptar únicamente, la exclusiva responsabilidad de la ética neoliberal en este punto, así como tampoco, el argumento generalizado sobre la "naturaleza humana" como verdadero elemento generador del estado de desigualdad e inequidad social, existente en la actualidad. De un lado, existen alternativas al modelo económico colonialista y extractivo, como es el caso, de la "economía colaborativa" o la "economía circular", dirigida a la protección medioambiental.

En este punto, -la actual situación generalizada de desigualdad económica- confluyen dos hechos sustantivos. En primer lugar, la tendencia a la "posesión material", -mucho más allá de las necesidades humanas primarias comprensibles- ha constituido una tendencia constante en la evolución histórica humana. De otro lado, las alternativas sociales auspiciadas bajo el término genérico de "reforma" han sido consideradas por los ideólogos neoliberales como inapropiadas, involutivas y en ocasiones, antidemocráticas. La tendencia reformista, con anterioridad al advenimiento de la cosmovisión neoliberal, poseía una connotación positiva y un tinte progresista, que remitía a las grandes transformaciones sociales dirigidas a un mayor acercamiento a una sociedad igualitaria.

Bajo este prima de actuación, la normativa legislativa transforma la sociedad democrática en una sociedad disciplinaria, muy cercana al concepto de *estado de sitio*. En definitiva, el surgimiento del neoliberalismo como foco de poder mundial, supone la clausura permanente de una soberanía, que pueda imponerse a las leyes económicas, que no debe olvidarse, son consideradas por este tipo de ideología, tanto racionales como naturales. El individuo, se encuentra determinado por una legislación, que determina el entorno social en el que puede buscar la satisfacción de sus intereses, así como los ámbitos de libertad lícitos para la definición de la legalidad aplicada a los mismos. Es decir, la legislación determina aquello que es no unicamente lícito, sino legal, cuando ciertamente, el orden neoliberal imperante se encuentra más interesado en la definición de la impunidad que de la legítima libertad. Esta misma regla se aplicará a los objetivos, que aparecen sucesivamente: la libertad de comercio y de los mercados. No solo eso, la libertad total se aplica bajo esta óptica, al mercado de trabajo y al movimiento de mercancías y capitales; la vieja máxima liberal: "laissez faire, laissez passer" -dejar hacer, dejar pasar-, anteriormente utilizada con un claro sentido revolucionario.

Bretton Woods es una pequeña y tranquila localidad del estado de New Hampshire en los Estados Unidos de América -EUA-. En el hotel Mount Washington entre el 1 y el 22 de Junio de 1944, un año antes de que finalizara la segunda guerra mundial -el mayor holocausto humano de la historia con una cifra de bajas que las estimaciones más optimistas cifran en 60 millones de muertos-, se convocó una reunión de la "Conferencia Monetaria y Financiera de los EUA". En ella, se fijarían las bases de la nueva economía mundial. Al menos en apariencia, la necesidad de estos acuerdos se basaba en del convencimiento de que razones similares que habían provocado la guerra, podían reproducirse, en caso de no regular una política económica de libre mercado a nivel mundial.

Una nutrida representación de 44 países, todos ellos pertenecientes al primer mundo acudió a la cita. Los países del tercer mundo, tanto asiáticos como africanos, eran en muchos casos, todavía colonias de los antiguos imperios europeos. Este hecho, marcaría los acontecimientos posteriores, sobre todo, las sucesivas crisis del petróleo que comenzarían en los años 70´. Estados Unidos, Inglaterra, Francia, China -que se retiraría 5 años más tarde, tras el triunfo de la revolución comunista- y los países latinoamericanos, que posteriormente serían víctimas del modelo de producción definido en aquella ocasión. La Unión Soviética y los países de su influencia, participaron en la reunión pero no llegaron a adherirse a los acuerdos.

Los acuerdos de Bretton Woods contemplaron la creación del "Fondo Monetario Internacional" -FMI- y del "Banco Mundial" -BM-, inicialmente denominado "Banco Internacional para la Reconstrucción y el Desarrollo". En esta reunión, se estableció la cuantía de los depósitos y la cuota asignada a cada país participante. El peso del voto de cada miembro, se determinó en base a la cuota de fondos aportados por cada uno de los Estados. El FMI se creó con el único objetivo de *prestar* fondos de maniobra a los países miembros con déficit en su balanza de pago, a cambio de unos *acuerdos* destinados a reorientar su política económica.

El Banco Mundial en cambio, fue el encargado de financiar el apocalipsis originado por de la Segunda Guerra Mundial. Adicionalmente, se creó el "GATT" -acrónimo inglés del Acuerdo General de Aranceles y Comercio, embrión de la actual "Organización Mundial de Comercio" -OMC-. Este acuerdo operaba con reuniones periódicas de los estados miembros, en las que se producían negociaciones tendentes a la reducción de aranceles según el principio de reciprocidad -acuerdos bilaterales entre países miembros-. Las negociaciones se realizaron con un formato de consideración individualizada, es decir, miembro a miembro y producto a producto, utilizando la presentación de peticiones de cada país, acompañadas de las correspondientes ofertas individuales.

A finales de la década de los 60´, la cantidad de divisas americanas, en poder de países extranjeros, atenazó la *convertibilidad* del dólar. Fue suspendida en 1971 por el presidente Richard Nixon, a través de la firma de una disposición de ley, con tal objetivo, tal y como se ha especificado anteriormente. Merece resaltarse que esta medida, al igual que otras muchas medidas económicas impopulares, no tuvo demasiada publicidad. A partir de este momento, se puso en marcha un delicado equilibro, basado en un sistema de balanza de pagos, entre todos los países que conforman la economía mundial. La nueva configuración del comercio, posibilitó, una vez finalizada la Segunda Guerra Mundial, la implantación del "Plan Marshall", dirigido a la reconstrucción del mercado europeo, devastado por la guerra.

La mitad del ajuste total del plan, se destinó a Gran Bretaña y Francia, mientras que ⅓ se destinó a Alemania, Italia y Holanda y el tercio restante al resto de países. Los resultados fueron espectaculares. Se produjo un incremento importante de la ocupación y la producción. Por otra parte, el plan favoreció el crecimiento económico forzando el desmantelamiento del control de la producción y los mercados, restaurando la estabilidad de precios y de los intercambios comerciales.

Hasta el año 1958, las monedas europeas no fueron convertibles a dólares. Francia y Alemania, crearon en 1951 un organismo supranacional, la "Comunidad Europea del Carbón y del Acero" -CECA-, para la gestión conjunta de estos dos productos básicos. Incorporaron rápidamente a Bélgica, Italia, Holanda, Luxemburgo e Italia, el conjunto de países que formarían el núcleo inicial de la "Comunidad Económica Europea" denominada en sus primeros años

"Mercado Común Europeo", actualmente, la "Unión Europea". La respuesta mundial a esta iniciativa, consistió en la formación de distintas uniones monetarias, especialmente en América Latina con la "Asociación Latinoamericana de Integración" (ALADI) y MERCOSUR y el "Sistema Económico Latinoamericano y del Caribe" (SELA) . Por su parte, los países comunistas formaron el COMECON.

Comenzó con esta gran operación logística, una larga secuencia de *fábulas económicas* y sociales que han marcado el comportamiento global. El primer y mayor fantasma de la conducta nacional, empresarial e individual, se concretó en el término espurio de "deuda". Los préstamos para el desarrollo constituyen una de las sombras gigantescas y más engañosas, de la tela de araña tejida por el sistema monetario internacional y explican a la perfección, algunos de los comportamientos de los gobiernos actuales, en sus reacciones obsesivas e ineficaces ante las fluctuaciones económicas.

El mecanismo de generación del espejismo de la "deuda internacional", resulta sencillo en su aparente lógica, a la vez delictivo en su esencia. La concesión de un préstamo para el desarrollo a cualquier país por parte del FMI, conlleva además de las condiciones crediticias de cantidad, tipo de interés y renovación -específicamente de carácter económico y financiero-, el *compromiso* por parte del prestatario -país que recibe el crédito- de cumplir con un objetivo de *déficit,* previamente establecido de forma unilateral, por la entidad concesionaria del crédito. El Fondo

Monetario Internacional, en resumen, fija el grado de déficit de los países a los que se les ha concedido préstamos para el desarrollo. Es decir, la práctica *totalidad* del mundo.

Los distintos gobiernos de los países deudores, son los responsables del cumplimiento del compromiso así fijado. El déficit nacional incluye las diversas partidas de la contabilidad nacional, que incorpora la inversión o gasto estatal. Son principalmente las *inversiones públicas,* y sobre todo, el gasto dedicado a la preservación de las garantías y *derechos sociales*. Estas partidas pues, son controladas y fijadas por entidades económicas, cuyo derecho descansa en un endeudamiento económico. Expresado de otro modo, es el Fondo Monetario Internacional el responsable de fijar el presupuesto de cualquier país deudor, en las partidas de educación, sanidad, cobertura del paro, dependencia o investigación y desarrollo. El lector incrédulo, puede revisar atentamente, el caso español en las últimas legislaturas. Siguiendo la lógica del anarco-liberalismo norteamericano, se instauró en la mayoría de países, la posibilidad de cobertura privada de los derechos que deben ser objeto de asistencia social, es decir, pública, siguiendo nuevamente la máxima neoliberal de "privatizar ganancias y socializar las deudas"

Las posibles soluciones al diagnóstico generalizado de la situación actual, definido como "inequidad global", compartida una parte mayoritaria de la crítica social, han adoptado distintas caras. La información ofrecida por el World Economic Forum, junto a otras entidades de reconocido prestigio como Intermon Oxfam, relativa a la desigual distribución de la riqueza mundial, pareció constituir un punto sin retorno, desencadenante de un gran número de reacciones, tanto de propuestas alternativas de sentido conceptual y técnico como de pragmatismo opositor, concretado en protestas y movimientos sociales. La impactante noticia, se refería al hecho de que finalmente, la desigualdad económica global, había alcanzado un punto álgido, a la vez psicológico y material. En la segunda decena del presente siglo, el 1 % de la población acumulaba el 51 % de la riqueza y recursos mundiales.

Una de las principales líneas de oposición teórica, proviene de la antigua Escuela Crítica Europea liderada en estos momentos por Boaventura De Sousa Santos. Su sentido representa una oposición frontal y combativa, frente al liberalismo y sus consecuencias. Propone una revolución social, para combatir los tres grandes males de la situación global actual, derivados de una larga tradición histórica: el capitalismo salvaje, el colonialismo y el patriarcado.

Desde las distintas aportaciones que conforman el conjunto de las denominadas "ciencias de la complejidad", surgen más axiomas que soluciones operativas. En concreto, un canto desalentador sobre la posibilidad real de obtener un equilibrio total en sistemas con tan elevado grado de complejidad como el sistema social, el económico a nivel global o el cambio climático. La calificación como sistemas "indecibles" referencia directamente una premisa negativa; aún cuando puedan encontrarse soluciones teóricamente útiles y válidas, se consideran inviables para su aplicación práctica. Por ejemplo, el calentamiento global principalmente producido por la combustión de los vehículos individuales, no podrá reducirse, a pesar de la certeza sobre su incidencia perjudicial. La tendencia humana hacia la comodidad, los intereses comerciales y la misma discusión y oposición socio-política, convierten en inviables la aplicación de las posibles soluciones.

Paul Stiglitz, ostenta la cátedra de Economía de la Universidad de Columbia. Vicepresidente y Economista Jefe del Banco Mundial, en el período de 1977 al 2000. En el año 2001 fue galardonado con el premio Nobel de Economía, por su trabajo sobre el "Análisis de los Mercados con Información Asimétrica". Ha manifestado públicamente en varias ocasiones, su disposición a pagar un mayor porcentaje de impuestos, si con ello, se alivia el abismo social existente. Luis Garicano, economista y eurodiputado español, ha manifestado en sucesivas entrevistas a medios de comunicación, que un simple gravamen del 0.7 % sobre las operaciones financieras mundiales -13.000 billones de dólares-, sería suficiente para cubrir las necesidades básicas de todo el planeta. Igualmente, el monto sumado de las cuatro primeras fortunas del mundo, podrían terminar con el hambre mundial, durante cuatro años seguidos. Finalmente, Thomas Piketty, el economista europeo de moda, defiende la opción de un préstamo estatal con condiciones individualizadas a cada ciudadano europeo, una vez se encuentre en edad de de comenzar su andadura laboral. Ésto como fórmula de activación económica y redistribución necesaria de la riqueza.

Parece evidente, que existe un choque frontal entre la masa inamovible de un sistema económico mundial, firmemente asentado sobre la búsqueda de la sobreacumulación económica y las opciones de adaptación global que requieren las condiciones del nuevo siglo. El capitalismo no debe ser necesariamente sinónimo de desigualdad. Existen opciones de sistemas económicos basados en el formato "win-win" -todos ganan-, es decir, todas la partes intervinientes pueden ganar en el ejercicio de la actividad económica. La cuestión central, reside en descubrir si la ecuación matemática, además de resolverse teóricamente, resulta factible de aplicarse prácticamente. Como en casi cualquier cuestión derivada de la socialización humana, la respuesta se encuentra en la voluntad interior de cada individuo y en definitiva, del colectivo social en su conjunto.

Capítulo X· La Realidad Construida

- "El despotismo es imposible si la nación está ilustrada"
Francoise Quesnay -Filósofo francés-

"Nadie puede escapar a ninguna parte"
Milan Kundera -Novelista y ensayista checo-

La realidad, entendida como el conjunto de hechos y situaciones objetivas que rodean a un individuo cualquiera, presenta una de las características genéricas de los sistemas complejos consistente en su causalidad multifactorial, es decir, su procesamiento en el cerebro humano, se realiza en función de diversas reglas. Este hecho, es aplicable, incluso a la variedad de realidad, formada por aquellas vivencias experimentadas por los sentidos fisiológicos; la realidad experimentada sensorialmente. Aún en este caso aparentemente sencillo, no existe una extrapolación directa y exacta del medio exterior al cerebro. Se produce un proceso intermedio, denominado por la psicología como *percepción*. Los sentidos primarios no reproducen de manera totalmente fiel, los rasgos de los fenómenos físicos experimentados por el cuerpo. Los mecanismos sensores primarios, se han ido conformando a través de millones de años de evolución, o mejor ilustrado, de *adaptación* al entorno físico, con una regla imperativa sobre todas las demás: la supervivencia de individuo y su especie.

De este modo, hasta el sentido que proporciona mayor seguridad en el proceso de información, la visión -ver para creer, reza el dicho popular-, se encuentra condicionado por el la herramienta fisiológica -el ojo- y no en menor medida, por el centro rector de la percepción, el cerebro, auténtico centro de mando de las operaciones de interpretación de la realidad -aún cuando Aristóteles clasificó este tipo de realidad como "inmediata", es decir, sin intermediación-. Así, el ojo humano únicamente percibe unas determinadas frecuencias de la luz, afectando directamente, tanto a la sensibilidad perceptiva como a su exactitud. Idéntica regla se aplica al resto de sentidos como el oído, el olfato o el tacto.

Aquellas personas que tienen un perro como animal doméstico, son testigos permanentes, de las diferencias sensoriales entre animal y hombre; con excepción de la visión, los órganos animales muestran una clara superioridad perceptiva. La función cerebral, se encuentra aún a medio camino en su tarea una vez recibida cualquier tipo de impresión sensorial. Debe todavía, interpretar, dotar de sentido y categorizar la percepción experimentada.

El primer paso, consiste en conferir coherencia y continuidad, el nuevo dato experimentado. Con independencia del estado fisiológico en que se encuentre el cuerpo -por ejemplo, excitado, plenamente consciente, relajado o semidormido-, el cerebro incorpora la vivencia como un proceso *continuo*, en otros términos, rellena los posibles huecos o carencias perceptivas existentes -en ocasiones, este proceso se realiza en la esfera subconsciente-. De este modo, por ejemplo, si una llamada telefónica interrumpe una observación determinada, el subconsciente "rellena" los elementos necesarios para que la historia sea percibida como completa; el cerebro no tolera la "disonancia cognitiva" -la incoherencia producida por informaciones incoherentes o disonantes-. Finalmente, resta categorizar en un considerable número de apartados -taxonomías-, la experiencia vivida. Expresado de forma simple, las categorías de mayor relevancia, se encuentran en los apartados de "positiva-negativa" o "agradable-desagradable" a las cuales, sigue una respuesta generalizada de acercamiento o alejamiento, es decir, de búsqueda o evitación de la situación experimentada. Si la frecuencia de la vivencia resulta ser muy alta -habitual-, la categorización se localiza en el *sistema nervioso autónomo*, facilitando la aparición de respuestas *automáticas* del organismo sin necesidad de racionalización previa. Otra de las reglas primarias de supervivencia.

Un tipo de percepción con mecanismos muy distintos, se produce en la interpretación de la realidad no experimentada o realidad *figurada*. El formato más frecuente para su cristalización psicológica, consiste en la valoración del *relato*, como configurador de un significado concreto. Independientemente de la modalidad visual o auditiva del mensaje, los mecanismos cerebrales implicados en este proceso, varían totalmente. Además, de la presencia de los centros del habla y del recuerdo -área de Wernicke e Hipocampo, respectivamente-, la zona prefrontal del cerebro entra en funcionamiento, con el objetivo de producción de multitud de *asociaciones* que implican entre otros procesos complejos, la valoración de *escenarios futuros* incluidos los ya experimentados, tanto como los potenciales o no vividos.

Esta modalidad perceptiva es exclusivamente humana, -nuestras mascotas, afortunadamente, son ajenas a los mitos- que tuvo su origen probablemente, en los episodios de caza y exploración de nuevos territorios, protagonizados por los homínidos avanzados -principalmente por el homo habilis-. En este proceso generador de escenarios, resulta esencial la *redundancia* informativa. Se convierte en un requisito indispensable para la adecuada *codificación* del mensaje, la facilitación de experiencias o necesidades, bien ya experimentadas o bien, fácilmente proyectables, por parte del sujeto receptor. Dicho de otro modo, se construye sobre significados ya conocidos, se construye sobre edificaciones antiguas.

Esta tarea es asumida por el emisor del mensaje. Por ejemplo, en los relatos de procedencia política, los mensajes basados en el "miedo" o la "promesa", conforman las categorías principales -caos, crisis, orden o bienestar general-; igualmente, en la modalidad de los mensajes comerciales -comodidad, estatus social, seguridad o ganancia económica-. Resulta obvia, la decisiva influencia del sistema cultural, imperante en orden a la eficacia de los relatos o mensajes. Igualmente, las *condiciones ambientales* marcan la efectividad de los distintos relatos; no generan idéntico impacto, los mensajes sobre seguridad o ganancias económicas, en periodos de paz o conflicto armado que en situaciones de bonanza económica o de crisis generalizada.

La realidad se convierte en estos casos en "verdad artificial" o inducida. En virtud del pensamiento simbólico, heredado junto a la adquisición cognitiva -adquisición de la inteligencia-, las *palabras* conforman el sustento para realidades no experimentadas. Si la filosofía y la sociología, han definido al ser humano como "ser carencial" o "animal simbólico", desde la psicolingüistica, la teoría de la comunicación, la psicopolítica y la propia filosofía existencial, se ha acuñado el término de "homo narrator u homo narrans", para definir la realidad acotada por medio de las palabras y relatos, emitidos por terceros. En definitiva, la imposición de una *subjetividad* perteneciente a una visión externa,con fines espúreos, aunque también en ocasiones lícitos. Edward Sapir y Benjamín Whorf, propusieron la hipótesis de diferencia perceptiva del lenguaje en función de la cultura del receptor, contradiciendo frontalmente la Teoría de la Gramática Universal de un lingüista de talla histórica como Noam Chomsky -la película de ciencia ficción "La Llegada" utiliza en su argumento estos supuestos-.

La vivencia artificialmente definida se asemeja en esencia, a la conocida distracción que puede verse en los parques de atracciones típicos, conocida como la "habitación de los espejos". Al pasar por delante de ellos, las figuras de los visitantes se deforman en función de la propia estructura constructiva de los espejos; una distorsión diferencial. El artificio causante de la deformación estriba en el modo de construcción del espejo, para que produzca una u otra forma deseada con anterioridad, exactamente igual que los contenidos y significados de las palabras y frases, que forman los relatos. En la mente humana, el resultado obtenido por la narración es en realidad sencillo, puesto que basta apelar a las emociones básicas, que han acompañado a la humanidad desde sus etapas prehomínidas. La alusión insistente sobre los instintos básicos de miedo, hambre, supervivencia; pero sobre todo, de miedo.

Este tipo de estrategia resulta eficaz y cumple distintos objetivos. La distorsión o engaño articulado se convierte en un herramienta útil, tanto para incrementar los precios al consumo, como para obtener el triunfo en unas elecciones políticas. Los mecanismos para la creación de realidades alternativas, han evolucionado, paralelamente al desarrollo de las tecnologías de información y comunicación -TIC´s-. La conclusión, aunque avanzada, aparece con claridad. El poder se encuentra, en el manejo de los grandes medios de comunicación social -periódicos, revistas, televisión-. Donald Trump y sus asesores en comunicación, conocen bien este hecho. El eslogan "America great again" implica únicamente nostalgia, sin ningún correlato práctico o camino de actuación; no existe un proyecto detrás de los relatos políticos.

Se ha resaltado con anterioridad, que la construcción de una determinada realidad por medio del discurso o relato, debe contar con una referencia común para la totalidad de individuos intervinientes en el proceso de comunicación. La red que une y proporciona uniformidad para la comprensión del mensaje, reside en la "cultura" compartida. El conjunto total de factores intervinientes, en la formación de cualquier tipo de configuración que contenga significados -realidades construidas-, son el individuo, el colectivo social -que maneja el dominio cultural generalizado- y el entorno físico. Por tanto, un mensaje idéntico se interpretará diferencialmente en una rica ciudad occidental que en las montañas de Kurdistán. Así, la interacción de estos tres grupos de variables, individuales, culturales y ambientales, determinan el proceso de interpretación y categorización de la realidad.

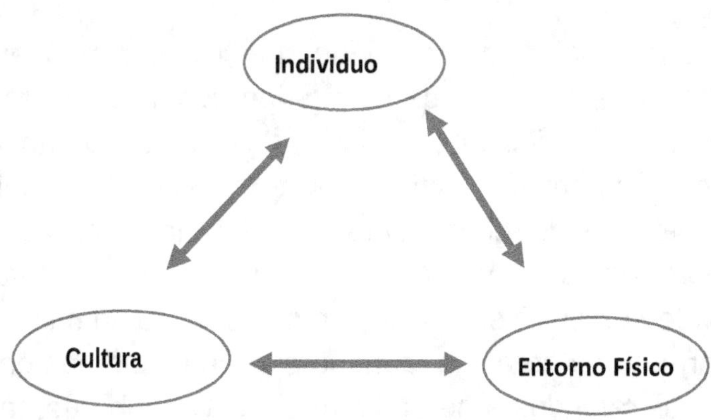

La realidad percibida en opinión de la gran mayoría de estudiosos de las ciencias sociales es siempre relativa, dependiendo fuertemente de la carga cultural de la que el individuo toma sus referentes. En este sentido, el constructivismo abogaría como su propia denominación indica por una realidad totalmente construida. Los miembros de una tribu esquimal son capaces de diferenciar y nombrar hasta 200 tonalidades de color blanco. El entorno físico determina igualmente la percepción de la realidad que nunca es una foto real del entorno y los distintos sucesos que ocurren en él. Fuente: Elaboración Propia.

Por este motivo, la estructura compleja de la interpretación de la realidad ha dado origen a los distintos "modelos" existentes en el devenir histórico. Un modelo incluye necesariamente una "reducción" de las variables de mayor significación, que precisa adoptar una explicación de la complejidad existente. De este modo, un modelo es capaz de proporcionar una receta generalizada, al modo de "cocina para todos", explicativa de la realidad compleja.

Conviene resaltar el hecho de que los distintos enfoques explicativos de la realidad, se superponen en el momento presente, es decir, la aparición de un nuevo modelo, no implica la completa desaparición del anterior. De igual modo, un "mito" puede consolidarse como una firme "creencia", aunque estos dos conceptos, no resultan totalmente equivalentes entre sí. Tanto un modelo como un mito, pueden conformar una creencia, aunque existen mitologías parciales, como los referidos a héroes o dioses. Sin embargo, todos los grandes relatos idealizados contienen en sí mismos, un modelo de la historia o una propuesta general para la explicación sobre la formación de la realidad.

Históricamente, la primera creencia prototípica utilizada para explicar el mundo y su devenir, ha sido el "modelo religioso". Nacido del miedo irracional de los primeros homínidos, a las terroríficas fuerzas de la naturaleza -tormentas eléctricas, erupciones volcánicas, glaciaciones súbitas o terremotos-, los primitivos humanos fueron conscientes de sus limitaciones y más aún, de la existencia de una fuerza superior. La explicación de un ser superior deificado, autor de la creación del mundo, nació sin ningún esfuerzo aparente. Se mantuvo por la utilidad que el miedo de la población suponía para el poder político. Los dirigentes, sea cual fuera su procedencia o ubicación en el mundo, erigieron grandes monumentos a las deidades ficticias, aún cuando muchas de ellas -como el caso de las pirámides mayas, aztecas, toltecas o griegas-, guardaran dimensiones procedentes de las matemáticas o fueran utilizadas para el estudio de fenómenos cósmicos, como la posición del sol en las distintas estaciones del año -Chichén Itzá, Stonenghe-. Se iniciaba en ese momento, la antigua andadura acompasada entre religión y ciencia.

El modelo religioso, se consolidó en pequeñas comunidades. Poco después de la formación de los primeros "Estados-Nación" como Inglaterra, Francia, Portugal o España, la creencia religiosa facilitó el sustrato ideológico para la justificación de la ola de colonizaciones, que pueden agruparse perfectamente bajo la denominación común de "Imperialismo Evangelizador". Por ejemplo, con la llegada de Francisco Pizarro a Méjico y Perú, comenzó la extracción masiva de metales preciosos con la consiguiente eliminación, no solo de razas autóctonas, sino también de culturas.

En una segunda fase, la práctica totalidad del continente sudamericano -de habla castellana, con excepción de Brasil- fue igualmente dominado y colonizado bajo el pretexto de la "conversión religiosa". No existía derecho a tal conversión cultural, como tampoco necesidad real. Una vez más, la riqueza cultural indígena desapareció asolada en nombre de la "verdad absoluta". En el mundo actual, globalizado y monetizado, el auténtico "tótem" religioso se encuentra representado por el "materialismo cultural" y la monetización de la actividad económica; los individuos se valoran, salvo cada vez un mayor número de excepciones, por sus posesiones materiales. Aunque casi las ¾ partes de la población mundial se declara religiosa, las encuestas relativas a la realidad social, muestran una leve pero continuada tendencia a la baja de las creencias y prácticas religiosas.

	Pequeña Comunidad	Estado-Nación	Mundo Globalizado

Modelo Religioso	Nacimiento	Imperialismo Evangelizador	Decaimiento
Modelo Filosófico	Inexistencia	Racionalismo	Filosofía Crítica

Modelo Científico	Inexistencia	Técnica vs. Ciencia	Emergencia	Tecno Mito

La construcción de un modelo constituye una herramienta utilizada en distintos momentos históricos como paradigma de interpretación de la realidad. Generalizados en la mayoría de sociedades occidentales no se han superado ni reemplazado por completo, más bien se superponen y en muchos puntos esenciales resultan contradictorios. Ciertamente, parecen consolidarse paralelamente al desarrollo de las grandes civilizaciones que a su vez, discurren paralelas a la concentración humana que se iniciara en plena edad media. En ocasiones parecen imponerse desde la nada, pero esta impresión es falsa, pueden ser rastreados desde sus orígenes en cada momento social e histórico. Fuente: Elaboración propia.

El "modelo filosófico" nacería en la cultura griega, produciéndose el fenómeno que gran cantidad de autores, han denominado el paso del "mito al logos". Aún cuando los griegos heredaron la religión politeísta y siguieron la tendencia ancestral, de contemplación de los cielos, no lo hicieron del mismo modo que sus antepasados. No buscaban encontrar respuestas a las preguntas trascendentales, sino más bien, perseguían el objetivo contrario: formular preguntas. Las cuestiones centrales de la perpetua interrogación, se referían al sentido y origen del universo y del hombre mismo; exactamente las mismas preguntas que se formulan en la actualidad, filósofos y científicos en todo el mundo, manejando las técnicas y axiomas nacidos de la instauración griega de la filosofía: la ciencia y la técnica.

Con el paso del tiempo, el modelo filosófico gracias al desarrollo científico esencialmente en física y biología -ley de la gravitación universal y la ley de la adaptación de las especies- derivó como no podía ser de otro modo, hacia los movimientos teóricos del "racionalismo" y el "relativismo". Esto es, hacia la explicación racional de los fenómenos y la inclusión de ciertas circunstancias que modulaban los hechos percibidos. Esto ha sido así, hasta el surgimiento de la "filosofía crítica" cuyo objetivo central, parece consistir en la evaluación y análisis, sobre todo, referidos a la ética de las acciones sociales y políticas en particular o expresado de otro modo, hacia la actuación de los gobiernos y el diseño social resultante.

Uno de los puntos que concentra el mayor número de críticas, sobre todo, por parte de las izquierdas ideológicas, así como de los principales movimientos de oposición actuales, se dirigen hacia el epicentro de la situación global actual: una realidad ficticia, que mantiene el "statu quo" de las élites del poder, esencialmente políticas y económicas. La "realidad construida" mediante el relato por parte de los gobiernos de corte neoliberal, conjuntamente con los principales miembros del denominado "capitalismo tardío", han permitido proclamar infundados "estados de excepción" que comportan en la totalidad de ocasiones, recortes en los derechos y libertades del colectivo ciudadano. La casuística de los distintos símbolos, usados para la proclamación de los "estados de excepción" son a la vez variados e infundados. Además de esto, o mejor sobre todo ello, la excepcionalidad por definición, de carácter pasajero de la excepcionalidad, deviene en permanente.

Entre los motivos habituales de la declaración política acerca de los estados excepcionales, destacan las amenazas *simbólicas* e infundadas, como por ejemplo, el "avance del comunismo" que los Estados Unidos de América han utilizado como estandarte para dos campañas bélicas incomprensibles como las guerras de Corea y Vietnam, ambas perdidas por sus iniciadores. Distinguir el uso de los "símbolos" políticos de los intereses económicos de la industria armamentística norteamericana, no resulta posible.

El resultado final de cualquier tipo de excepcionalidad, conduce indefectiblemente al mayor perjuicio para los grupos sociales más débiles y necesitados. Por ejemplo, en un desastre natural como un ciclón, las casas más afectadas, pertenecen a las clases más pobres que poseen las construcciones más débiles. De igual modo, en una pandemia como la actual, los colectivos migrantes, pobres y mayores, sufren las peores consecuencias; y la lista podría continuar casi indefinidamente. Para los movimientos críticos -como la mencionada Escuela Crítica, mencionada anteriormente- surge en este punto, la cuestión central del cuestionamiento social consistente en la pregunta, acerca de la eficacia de la gobernanza actual, o expresado de forma alternativa: ¿constituyen la mayoría de los Estados actuales, ejemplos de la figura general del "Estado fallido"?. Ningún gobierno, desea admitir esa posibilidad.

Manuel Castells, actual ministro de Universidades español y autor con reconocimiento mundial, opina que las fuentes de poder social en el mundo, según han sido teorizadas por los principales pensadores del poder, siguen siendo prácticamente las mismas en la actualidad que en el pasado inmediato: "violencia y discurso, coacción y persuasión, dominación política y enmarcado cultural". En el contexto de un capitalismo reestructurado, las redes dominantes siguen una lógica instrumental: crean un mundo de flujos globales de riqueza, poder e imágenes. Castells denomina a este panorama, la "esquizofrenia estructural entre función y significado".

Susan Strange, conocida teórica social británica, establece que hay que fiscalizar tres tipos de cambios importantes dentro de la estructura del conocimiento: los referidos a la provisión y control de la información en los sistemas de comunicación; las perversiones en el uso del lenguaje y en los canales de comunicación no verbales; y finalmente las alteraciones en las "percepciones fundamentales y en las creencias acerca de la condición humana y que influyen en los juicios de valor, y a través de éstos, en las decisiones políticas y económicas".

Esto conduce, explicado de forma sencilla, a una visión actualizada del poder consistente, según sus propias palabras, en "la programación de los objetivos de la red global, está en función de las ideas, visiones y marcos de los actores dominantes de la red, los cuales procesan y representan, a través de los medios de comunicación".... los discursos son los que moldean la mente individual y la mente pública, es decir, el conjunto de valores y marcos cognitivos, que es en último término, el factor influyente en el comportamiento individual y colectivo".

Otro de los cambios profundos, producidos en la conceptualización del fenómeno de realidad global, afecta al "modelo de interpretación" del colectivo social, esencialmente considerado éste, como un "sistema complejo adaptativo". El tipo de sistemas al que la sociedad posmoderna pertenece por derecho propio, se encuentra influido por hechos determinantes que ocurrieron en el pasado y que han condicionado la situación actual. En términos técnicos, los sistemas sociales son "dependientes del camino", es decir, condicionados en gran parte por las grandes decisiones implantadas en un momento anterior, denominados por algunos teóricos destacados del estudio de la complejidad como "sucesos congelados".

Una de sus características más notables de los sistemas sociales, se centra en su capacidad para procesar nueva información continuamente y en virtud de ello, producir cambios de forma constante. Si la adaptación continuada del cerebro humano es definido por el término "plasticidad", el cambio social dirigido hacia la creación de nuevas estructuras, se denomina "emergencia". Así los propios sistemas sociales observados en su conjunto, generan nuevas formas y modelos de "auto-organización". Se encuentran influidos por sucesos significativos, tanto de procedencia interna como externa, al mismo sistema. Del mismo modo, en que un elemento físico, como por ejemplo el agua, adopta distintos estados en virtud de la temperatura -sólido, líquido o desaparece por evaporación- los grupos sociales aparecen, se organizan, cambian y dichos cambios adquieren mayor o menor relevancia en función de sus propias características y del momento concreto de su aparición.

Este mismo razonamiento, es aplicable al modelo de gobierno y de organización social. No obstante, una serie de principios como el de "inestabilidad" y "adaptación" aplicados a las nuevas realidades sociales, convierten al conjunto social en un objeto caracterizado por un *equilibrio inestable*. Expresado de otro modo, nunca un sistema social podrá ser estable por completo y menos aún, llegar a una utópica consistencia basada en el "equilibrio", como tampoco construirse sobre una base completa de "equidad". Han surgido una amplia serie de modelos en tiempo reciente, para explicar la totalidad del conjunto social, basados en el potencial determinante del rasgo dominante en la sociedad posmoderna: la percepción del el *cambio acelerado*. Entre ellos, se encuentran la "dinámica compleja" -Bar-Yam-, la "economía compleja" -Brian-, la "red global" -Castells-, las "redes visuales" -Borner-, la "coevolución cultural" -Bowles-, el "tránsito complejo" -Urry-, las "ciudades complejas" -Reynoso-, la "sociedad líquida" -Bauman- o la "sociedad del riesgo" -Beck-.

La lectura en clave analítica de las citadas propuestas, resulta en la posibilidad de explicar y con posterioridad adaptar, conceptos y situaciones que se encuentran en un proceso constante de cambio. Las tradiciones, por ejemplo, son inventadas constantemente, de modo que ese poder de abstracción puede aplicarse al individuo o al grupo. Los antiguos conceptos, centro de las cuestiones relevantes en el análisis filosófico o histórico, como especie humana, sociedad moderna o futuro posible, adquieren en esta "dinámica acelerada y cambiante", un nuevo sentido.

La ideología del poder dominante, bien político o económico, puede oscilar y de hecho así lo hace, entre dos polos teóricos: realismo-idealismo y determinismo-voluntarismo. La elección relativa a estos ejes, configura la "cosmovisión" que integra una serie de valores generales ante la vida y los parámetros esenciales estrechamente ligadas a la misma. Sin embargo y aunque no confesado explícitamente, las sociedades pertenecientes al capitalismo avanzado -la mayoría de las sociedades occidentales- continúan traduciendo y condensando, la vida de los sujetos a una fórmula económica. Este hecho, abre todo un abanico de posturas opuestas a dichos gobiernos, directamente relacionadas con el antagonismo social.

El último de los modelos que se han descrito, imperante en la actualidad, ha surgido indiscutiblemente de la relevancia inequívoca y triunfo de la "tecnociencia", entendida como conjunto de conocimientos y técnicas provenientes de un amplio conjunto de especialidades científicas, entre las que destacan la "biología molecular" -enmarcada en el conjunto más amplio de la "bioingeniería"-, así como de la "cibernética", especialmente, del desarrollo de la "robótica" y por último, de la "inteligencia artificial". Es el momento del nacimiento del mito definitivo. Puede considerarse el siglo

XXI, como el punto temporal de inflexión para el nacimiento del *tecnomito*.

La eclosión del modelo científico, o mejor, *tecnocientífico,* puede ubicarse temporalmente, en el siglo XVIII, denominado con cierto sentido "el Siglo de las Luces" o siglo de oro. En la actualidad más reciente, la acumulación y velocidad de los descubrimientos técnicos o aplicaciones prácticas, de principios suministrados por el cuerpo científico general, corren paralelos al progreso de la propia ciencia básica, aunque no siempre ha sido así. Muchos de los descubrimientos e inventos técnicos que han definido la situación actual, se desarrollaron sin un completo sustrato teórico, por medio del método de ensayo y error. Como ejemplo quizá más conocido, la frase de Edison en la elaboración de la bombilla eléctrica: "no me equivoqué antes, simplemente descubrí mil maneras, de como no se debían hacer las cosas".

La confianza en las aplicaciones *tecnológicas*, ha estallado como fuegos artificiales en el nuevo siglo, propiciando proyectos impensables pocos años antes. La tecnología 5G, la impresión en 3 dimensiones -3D-, la próxima colonización de Marte o la búsqueda de inteligencia extraterrestre, son algunos ejemplos. Como constante histórica, el salto de las posibilidades reales de los inventos o descubrimientos tecnológicos -un descubrimiento se refiere a la puesta en práctica de elementos ya existentes, por ejemplo, la electricidad, mientras que un invento, supone una elaboración con componentes previos para producir una nueva función, como la imprenta o la máquina de vapor-, ha facilitado el surgimiento irracional de generalizaciones e hipérboles de ansias imposibles de satisfacer.

Parte de la sociedad, ha girado su mirada, desde el cielo ancestral hacia sí misma; desean alcanzar la conquista de la "inmortalidad" o la construcción de supuestos seres suprahumanos. La singularidad tecnológica, en el sentido en que ha sido formulado por los defensores del transhumanismo, no ha llegado todavía y probablemente nuca lo hará, sin embargo, si ha conseguido diluir la imperceptible línea que separa ficción y realidad, en virtud de las prodigiosas facultades del cerebro humano, conquistadas en virtud del pensamiento abstracto.

Capítulo XI· El Diseño Social

"El arte de reinar es organizar la idolización"
George Bernard Shaw – Dramaturgo británico-

"Proclamo en voz alta la libertad de pensamiento y
muera todo aquel que no piense como yo"
Voltaire -Filósofo y escritor francés-

La composición social más o menos idealizada, forma junto con el análisis del poder y sus características, el dúo de atención primario por parte de los teóricos sociales, filósofos, juristas e incluso matemáticos, desde la propia formación de la sociedad humana. Un gran conjunto de publicaciones y obras, algunas de ellas intemporales, se han dedicado a la definición ideal del sistema social, sin olvidar las "utopías" y "distopías", ambas concretas en famosas obras literarias.

Este gran conjunto de teóricos, han sido denominados por la literatura especializada como "voluntaristas" o también, "posibilistas". Frente a ellos, se encuentra otro gran grupo formado por los autores y críticos, que aportan como axioma principal el "determinismo" impuesto por la historia y hasta por la misma naturaleza humana, para concluir la imposibilidad de estructuración de los cambios sociales, que comporten una sociedad más o menos ideal o cuanto menos, aceptable para la gran mayoría de ciudadanos. En este torrente de literatura sociológica, no podían faltar los encuentros enconados de teóricos famosos, uno de los más representativos ha sido protagonizado sin duda, por Niklas Luhmann y Jürgen Habermas, entre otros muchos.

Ciertamente, conviene resaltar en este punto, la consideración ecléctica, proveniente de los teóricos especialistas en los sistemas complejos, que abogan por una probabilidad de ordenación únicamente parcial de cualquier sistema complejo y dinámico. Otro de los principios que afecta frontalmente a la conformación de las sociedades futuras, deriva del inamovible principio de "impredecibilidad" -o impredictibilidad- de los sistemas complejos adaptativos al borde del equilibrio; y la sociedad actual, representa el caso como ninguna otra configuración. En definitiva, los futuros posibles, son en igual medida, diversos y variados pero igualmente impredecibles. En otras palabras, es posible predecir tendencias de comportamiento social, pero no un futuro cierto y menos aún, concreto.

El ser humano, tanto desde su perspectiva individual como grupal, lidia mal con la "incertidumbre" acerca del futuro. Ésto se debe a varias razones, entre las que se encuentran, las propias reglas de operativas de las funciones cerebrales, como se ha especificado en el capítulo anterior. Con el objetivo de superar el rasgo constitutivo de los sistemas sociales -impredictibilidad o incapacidad de predecir el futuro-, durante el pasado siglo se desarrollaron los denominados "sistemas expertos", antecedentes directos de la modernizada "inteligencia artificial". La gama de opciones de aplicación de los sistemas computerizados, capaces de influir y mejorar el futuro humano, son realmente impresionantes. Se revisarán algunas de ellas, más adelante.

Desde una perspectiva histórica relativamente reciente, los agricultores antiguos, iniciaron una imparable migración hacia las grandes ciudades, tendencia que aún sigue hoy en día; pero la integración en una gran urbe que proporcionaba a la vez, la opción del comercio y ofrecía seguridad, no tenía carácter gratuito; debían de aceptarse las normas de comportamiento generalizado, entre ellas, el pago de impuestos así como el cumplimiento de las pautas sociales establecidas.

La política como actividad social que había nacido en las ciudades estado de la antigua Grecia, se ha apropiado con exclusividad de cuestión clave para la resolución de la ecuación básica que describe la estructura social. El punto álgido se orienta -con los peligros propios de la simplificación excesiva- a la valoración, tanto conceptual como pragmática, otorgado al significado de "la idea del otro", de la "otredad" como algunos teóricos han denominado. Las posiciones utópicas en este punto, han sido patrimonializadas por los movimientos políticos de izquierdas; las contrarias definidas por el rechazo más o menos explícito, de "aquel que es diferente" han sido defendidas por las formaciones denominadas de derechas.

Igualmente, la actividad política con el consentimiento implícito de la colectividad, han convertido la deseable y necesaria posibilidad de una democracia auténticamente participativa, en una triste y difuminada figura, denominada eufemísticamente "democracia representativa". La definición de democracia, comporta congénitamente, el ejercicio del poder directamente por el pueblo y aún más, para el pueblo. Ésto es aplicable a cualquier ámbito geográfico, ya sea nacional, provincial o comarcal o municipal. En la realidad, el formato de sociedad operará en función de la jerarquía de valores, manejada por el gobierno de turno mayoritariamente elegido.

Adela Cortina, conocida catedrática en la especialidad de *ética* y de la cual, el humilde autor de estas líneas tuvo el privilegio de recibir la formación en esta materia en la Universidad Literaria de Valencia, estima que los pilares en los que se debe asentar una sociedad estable y *desarrollada*, son el "estado democrático", una "economía ética" y una "ciudadanía activa". Se trata en definitiva, de la combinación eficaz de los tres poderes operativos en cualquier escenario social: el político, el económico y el civil. Los tres poderes presentan en la actualidad, bien situaciones endémicas en su definición o carencias constitutivas, que los convierten de forma automática, en ineficaces.

El poder político, vive un paradoja existencial. Por un lado, su papel esencial o al menos una de sus prescripciones inherentes, consiste en la *legislación* del poder económico, en el sentido de delimitar y normativizar su actividad y los límites de dicha actividad. Por el contrario, en la dinámica habitual, los *poderes económicos*, imponen sus voluntades al poder legislativo. En segundo lugar, al haber adoptado como fórmula funcional la actividad económica, el máximo estamento legislativo, asume necesariamente los objetivos finales de la economía en sí misma. En definitiva, por más intentos que se expliciten formalmente acerca de la atención de minorías u colectivos marginales y necesitados, se asume la desigualdad socio-económica como una resultante del sistema, calificado como un daño colateral.

La incongruencia esencial se enuncia de modo incoherente; mientras se condenan explicita y públicamente, las desigualdades constitutivas originadas por la sobre-acumulación propia del capitalismo tardío o neocapitalismo, se reconocen implícitamente los mecanismos que generan dicha desigualdad. El "determinismo histórico", esto es, la creencia de que la realidad actual es fruto de condicionantes anteriores, universales e inamovibles, representa únicamente una estrategia consensuada por los poderes fácticos.

La unión entre acción política y adopción de un sistema económico, dibuja líneas imperceptibles entre ambas áreas de actuación que debían de funcionar, al menos en el plano teórico, de modo independiente. La totalidad de gobiernos en cualquier período histórico, han adoptado un sistema económico determinado y elevado este dictamen a la categoría de máxima decisión política. Expresado de forma alternativa, han supeditado la política, al éxito y bonanza económica; los derechos sometidos a la subrepticia legitimidad de enriquecimiento; la dignidad colectiva sumergida por el encumbramiento del derecho a la propiedad privada.

Sigue adoptándose una concepción "mecanicista" de la actividad económica; según este falaz principio, el mercado

-una construcción social-, debe regirse por idénticas leyes que el universo -un sistema físico-, mecánicamente determinado, sin injerencias o intromisiones. De este modo, la acción económica ha adoptado un formato de *suma cero;* una dialéctica permanente entre democracia y estabilidad macro-económica y de otro lado, la oposición entre la cobertura de las carencias sociales y la necesidad de crecimiento económico.

Las soluciones aportadas al sistema social, desde cualquier plano de intervención tanto político como económico, son por definición, tal y como se ha señalado con anterioridad, siempre parciales, pero la organización de la sociedad civil con el objetivo de constituir una *poliarquía* progresiva, se considera una de las condiciones previas indispensables para un incremento cualitativo de la garantía de los derechos que afectan a la gran mayoría del colectivo ciudadano. En otras palabras, el crecimiento y mal denominado progreso, tal y como se concibe en estos momentos, se muestra incapaz de asumir paralelamente el crecimiento económico,medido exclusivamente por el "producto interior bruto" -PIB- y la necesaria atención a los grupos marginales, cuyo conjunto debía de ser la base del perseguido "estado del bienestar", un concepto de otro lado, de aparición relativamente reciente.

El Estado del bienestar y su vigencia, rememora la antigua discusión en la filosofía política, acerca de las funciones del Estado. La sociedad actual, en opinión de gran parte de analistas sociales, debería resistirse hoy más que nunca a la atención de las necesidades sociales, en favor de las conveniencias mercantiles o económicas. Parece del todo increíble, que una premisa básica en un plano de análisis tanto lógico como moral, consistente en la supeditación de la actividad económica al bienestar social, pueda resultar menospreciada y en realidad aniquilada por la obsesiva búsqueda del crecimiento económico. La pluralidad social organizada y amplificada, la prevalencia de una ética pública y un naciente federalismo activista, aparecen como los basamentos angulares de la no solo necesaria, sino urgente, *reforma del Estado*. En opinión de algún teórico social representativo, sobre esta cuestión, "hemos caminado todo este tiempo en la dirección equivocada".

Relacionado con el punto anterior, la fría observación de la conducta social requiere el rechazo de un hecho básico reconocido en la práctica totalidad de los diagnósticos: la aceptación inercial de la desigualdad. Éste es el principal y más generalizado dictamen acerca de la realidad global. La situación definida, no se trata de un designio perverso ni tampoco de una consecuencia historicista; como siempre, depende de la voluntad de dirigentes y grupos sociales. En este punto, convendría anotar que los cambios sociales se producen localizados en un momento histórico determinado.

La realidad vivida, comporta como se ha especificado anteriormente, una consideración siempre relativa. Parte de la configuración económica actual, resulta de los ideales de la ilustración que entendieron que la actividad comercial, sería sometida a la deliberación de los órganos sociales democráticos y cívicos, tal y como postulara el mismo Adam Smith y otros economistas clásicos. Esta discusión, en términos efectivos nunca se ha producido. En opinión mayoritaria, el comercio debería haber asumido en ese mismo momento, las libertades propugnada por el liberalismo social -no por el neoliberalismo económico- y la forma de gobierno republicana.

Dos hechos primarios en el decálogo neoliberal, merecen ser desterrados del ideario colectivo. El primero de ellos, descansa en el concepto de dirección de las masas bajo el mandato de un "líder", aunque ésta haya delineado una constante histórica. A pesar de conformar un patrón operativo históricamente habitual, constituye desde la óptica social, una creencia suicida. No se precisan lideres, sino ideales. No se necesitan adalides iluminados, sino una sociedad formada que tenga la potestad de decidir por sí misma, como la suma de individuos maduros y responsables que debería ser. Resulta obvio aquí, la oposición de los Estados fascistas a la cultura y a la formación de la sociedad, por este mismo motivo.

Esta afirmación no descalifica, lógicamente, la necesidad que en ciertas áreas y momentos determinados, la dirección de la dinámica social no deba ejercerse de manera unificada, por medio un órgano técnicamente competente. En el caso de crisis de cualquier tipo -económica o médica-, la dirección experta resulta indispensable. Ambos principios no son contradictorios. Debe distinguirse el seguimiento incondicional a un líder carismático -ej. Hitler frente a Gandhi- de la dirección científica o experta.

En segundo lugar, se sigue reclamando un *lenguaje* específico y especializado -similar al utilizado por la lógica tradicional en el que se concretan enunciados formales exactos- para el ejercicio de la actividad política. Los neologismos, normatividad, hipérboles, eufemismos y demás estrategias comunes utilizadas en la comunicación de masas, deben de ser erradicadas definitivamente de la práctica política, si es que realmente se busca un trabajo social responsable en aras del bien general.

La gestión económica de los distintos gobiernos, con independencia de su color político ha contado con la persistente e ineludible presencia de un fenómeno generalizado en los gobiernos occidentales, como es la "corrupción" cronificada e institucionalizada. Daron Acemoglu y James A. Robinson, ambos economistas, publicaron en el año 2012, la obra "Por qué Fracasan los Países". En ella analizaron las causas reales de la riqueza y de su contrapunto la pobreza. La conclusión principal resultó que ambos procesos, o mejor, en las dos caras del mismo proceso, se encontraban ligados indefectiblemente, a la presencia de la *corrupción* del sistema socio-político imperante en la mayoría de los estados modernos.

Este tipo de comportamiento, más propio de los gobiernos neoliberales, aunque no exclusivo, ha conformado un tipo de sistema social denominado por un gran número de autores como *sociedad extractiva*. En este formato relacional entre estado y grandes corporaciones privadas, especialmente aquellas que lideran los sectores estratégicos de cualquier nación, se establece como primera consecuencia, un gobierno real ilegítimo, ya que las decisiones de poder se encuentran protagonizadas por individuos y grupos, no elegidos democráticamente por el pueblo. A nivel global, el poder se traslada de la estructura política al monopolio, o mejor, al *oligopolio* comercial o financiero. Las corporaciones transnacionales, hacen honor a este apelativo; superan el poder de los estados nacionales.

De este modo, puede comenzar a articularse un diseño de sociedad, caracterizado por una serie de rasgos generales. Un gobierno que ejerce no únicamente un poder estructural sino a la vez, relacional, favoreciendo a los principales "grupos de presión" -loobbies- entre los que se encuentran las macro-empresas e instituciones privadas y públicas. En segundo lugar, la existencia de los partidos políticos -nacidos en Gran Bretaña, en torno al año 1850-, cuya función originaria consistía en asumir la representación del pueblo ante el Estado, han sufrido un deterioro significativo. En realidad, se produce una usurpación de la cosmovisión siempre contradictoria de la sociedad, dividida en propuestas conservadoras y liberales y su traducción a postura políticas concretas, es decir, se asiste a la "polarización institucionalizada".

En un segundo momento, el ejercicio del "sufragio universal", permite a los partidos políticos adueñarse definitivamente del sistema de representación social. La tradicional lucha dialéctica entre partidos de izquierdas y derechas, queda formalmente constituida. España constituye un ejemplo de la carencia de opciones políticas diversas, ya que el "bipartidismo" ha pasado de ser una cuestión de partidos políticos a la peor opción posible: la polarización de bloques políticos, incapaces de ejercer la actividad política básica: la negociación sobre los principios básicos determinantes del bienestar general.

El esquema básico de la sociedad extractiva, no corresponde de forma exclusiva a la época actual, más bien ha existido desde el comienzo de las grandes civilizaciones aunque en un mundo globalizado deviene en significativo. El enorme tamaño y poder de las grandes corporaciones, trascienden los poderes nacionales. El formato utilizado para la adecuación de la normativa legal a los intereses corporativos, sumado a la liberalización de los mercados, favorecen inevitablemente, la conformación de monopolios y oligopolios. Únicamente y como ejemplo, debe pensarse en en los precios abusivos que el ciudadano debe pagar por los servicios básicos como luz, agua, gas o vivienda. Fuente: Elaboración propia.

Los gobiernos, con independencia de su color u orientación política requieren de distintas condiciones, para el ejercicio ejecutivo de su mandato. Uno de estos parámetros, consiste en la existencia de una relativa "paz social", concretada en ausencia de oposición colectiva y sus derivadas manifestaciones públicas. Así, los gobiernos históricamente y aún hoy, principalmente aquellos de orientación autoritaria -bien sean de corte neoliberal o dictatorial, incluyendo aquellos totalitaristas o comunistas-, han tratado de evitar de uno u otro modo la organización de la sociedad civil como instrumento de oposición organizada.

Desde los reinos feudales hasta las primeras naciones de la época moderna, han mantenido una estrategia, basada en la fuerte normativización de la conducta pública bajo un esquema miope y reduccionista, acerca del funcionamiento del comportamiento social. Así se logró en un pasado aún reciente, instaurar en el acervo cultural una actitud general de *indefensión aprendida*, es decir, la negación por parte del colectivo social, de la posibilidad razonada de conformar una respuesta organizada conducente a la oposición a los gobiernos y al sistema cultural en sí mismo.

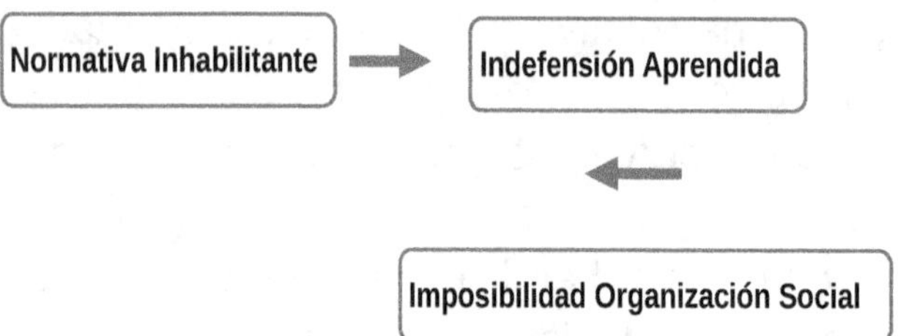

La necesidad de tranquilidad o paz social resulta una condición esencial para la gestión gubernamental en cualquier época y lugar. Tradicionalmente, existen dos modos de conseguir este objetivo, que responden directamente a la orientación social del gobierno en funciones. El primero de ellos es propio de los regímenes autoritarios, bien correspondan a colores teóricamente de izquierdas o de derechas. Las fuertes normativas inhabilitantes, traducidas en leyes férreas, han conducido a un sentimiento generalizado de impotencia reactiva en las sociedades del pasado. La segunda fórmula de obtención de la paz social, ha consistido en la asunción por parte del Estado de los rasgos que conforman el denominado Estado del bienestar, con el tensionamiento para las arcas públicas, que aparentemente supone esta visión. El centro de la cuestión se centra en un diseño social que conjugue convenientemente estas variables. Fuente: Elaboración propia.

El concepto de indefensión social comparte ciertos elementos comunes con el término de *anomía*, propuesto por Emile Durkheim en el siglo XIX. Ambos manifiestan un *alejamiento* e incomprensión, por parte de la ciudadanía de la actuación gubernamental o de la política en general.

La analogía entre distintos tipos de sistemas complejos, como el biológico, el físico y el social, ha resultado útil en el ejercicio teórico propio de la sociología, con el fin de enunciar principios generales de comportamiento, idénticos en su funcionamiento a la totalidad de sistemas. Normalmente, los sistemas complejos presentan mecanismos y repuestas que pueden ser consideradas formalmente similares. El ejemplo más clarificador y de ámbito general, se refiere a la tercera ley de Newton, elaborada exclusivamente para la explicación del comportamiento físico. Esta ley conocida como "Ley de Acción-Reacción", establece sencillamente, que si un cuerpo A ejerce una presión sobre otro B, éste último reaccionará con una fuerza idéntica pero de sentido contrario.

Resulta evidente, que los rasgos y características fundamentales de la respuesta del organismo o cuerpo presionado, variarán en forma y amplitud, en función del tipo de sistema en el que operen. En el complejo social, la oposición al entorno cultural global, ha sido históricamente, constante y variada. Lejos de mostrar un comportamiento lineal y mecanicista, la realidad social se caracteriza por su variedad y experimenta cambios continuos. Las denominadas "ciencias de la complejidad", aportan suficiente bagaje teórico para categorizar el escenario social como un "sistema complejo adaptativo al borde del caos". En las condiciones extremas actuales, presididas por una enorme y creciente desigualdad en los planos intra y ínter-nacionales, las respuestas de la totalidad de la red global adquieren por definición la etiqueta de *impredecibles*, tal y como se ha señalado anteriormente.

En oposición al fenómeno de la "indefensión aprendida", el principio de acción-reacción, ha comportado en muchas ocasiones el incumplimiento de la legalidad vigente, con el objetivo de obtener derechos considerados fundamentales, por parte de grupos o colectivos sociales, que han protagonizado una oposición frontal, a la ley establecida. Un claro ejemplo, se encuentra en el "movimiento sufragista", protagonizado por las mujeres en la Inglaterra victoriana a comienzos del siglo pasado, con el objetivo único, en ese momento ilegal, de la consecución del voto femenino.

El principio teórico general de presión sistémica, permite explicar por inclusión, una gran variedad de reacciones sociales, igualmente aplicables a varios tipos de coerción masiva. Con gran probabilidad, el movimiento de oposición de mayor coste vital, puede ser el correspondiente al ejercido por el "terrorismo fundamentalista". Además de este tipo de respuesta, que muestra una direccionalidad clara entre oriente y occidente y que precisa de un análisis de mayor extensión y profundidad del permitido en este escrito, deben incluirse en esta misma categoría de rechazo, el movimiento por los derechos de la población negra en Estados Unidos, la aparición de los *nacionalismos* en todo el globo y en distintas épocas, los movimientos independentistas, cuyo episodio probablemente más impactante, corresponde al protagonizado por la nación india, liderado por Mahatma Gandhi frente a la colonización británica, de casi un siglo de duración. Esta tendencia, puede enmarcarse dentro de las guerras coloniales, que se generalizaron por toda Indochina, frente a los movimientos colonialistas franceses e ingleses.

A nivel local, en este mismo plano de reacción general, merecería destacarse la independencia de las antiguas repúblicas yugoslavas o bálticas, con posterioridad a la caída del muro de Berlín. Más recientemente, idénticos intentos han surgido en Canadá con Quebec o en Reino Unido con el caso de Gales. En España, los movimientos independentistas de los pueblos vasco y catalán, se encuentran lejos de resolverse. A nivel global, han aparecido numerosos movimientos anti-sistema, enfrentados no tanto a gobiernos específicos, sino en contra una economía globalizada inequitativa y asfixiante.

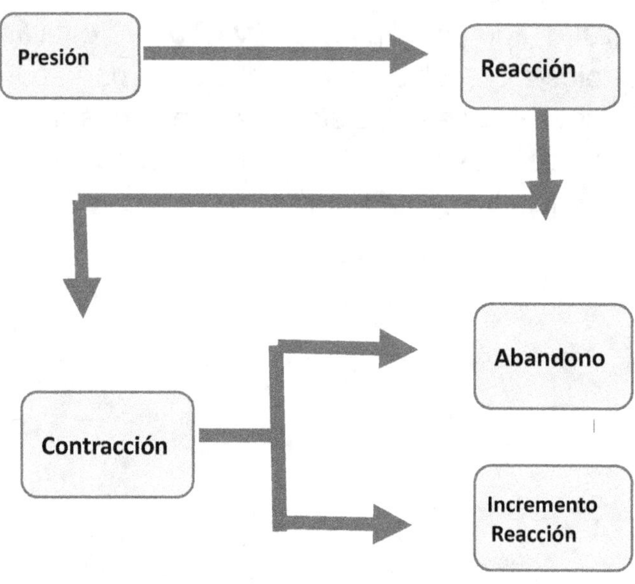

Esquema de equilibrio aplicable a cualquier tipo de sistema complejo adaptativo. En el caso de la existencia de un poder asimétrico y dominante, tanto un gobierno como una política económica globalizada, ejerce presión sobre una parte concreta del colectivo social, por ejemplo, las clases más desfavorecidas o perjudicadas, se produce una reacción de oposición o protesta. El órgano dominante en esa circunstancia reacciona habitualmente con un incremento de la presión, ciñéndose a sus posiciones iniciales. La reacción del componente más débil, únicamente puede optar por dos tipos de respuesta: El aumento de la fuerza de oposición o el abandono de ésta. Fuente: Elaboración propia.

Este esquema, resulta aplicable a cualquier tipo de ámbito sistematizado. Por ejemplo, en el plano político español, el constante aumento de la tensión entre partidos, sobre todo, en momentos de crisis, conduce a una de las posiciones críticas de los sistemas en equilibrio, denominada *polarización*. Con independencia de las consecuencias concretas de esta situación, el resultado general, ha derivado en un alejamiento de la hastiada población de la actividad política. El rechazo ciudadano, resulta de la incomprensión de acciones y decisiones políticas no dirigidas al logro del bienestar general, objetivo último de la acción política.

Capítulo XII· La Sociedad Simétrica

**"La peor verdad cuesta solo un gran disgusto.
La mejor mentira cuesta muchos disgustos
pequeños y al final, un disgusto grande"
Jacinto Benavente -Dramaturgo español-**

**-"El corazón del hombre necesita creer en algo y cree mentiras
cuando no encuentra verdades en las que creer"
Mariano José de Larra -Escritor español-**

La estructura social, puede entenderse y de hecho así es, como un *sistema complejo* de "relaciones". Si se admite que la "información" es el componente principal de cualquier sistema -no siempre la información es comunicación hablada-, la estructura social desde una óptica histórica y generalizada, ha adoptado un forma de pirámide. En la parte superior, se encuentran los grupos elitistas que originan el flujo informativo en sentido descendente, normalmente con el formato de normas y leyes, que la parte inferior formada por el grueso del colectivo social, debe de cumplir bajo la amenaza de sanción o exclusión.

La aparición de las redes sociales y su generalización, ha posibilitado la aparición de una información "horizontal", es decir, entre individuos o grupos, colocados en idéntico estatus social que representa según muchos autores, el nacimiento de una "democracia informacional", experimentada como una violenta sacudida en el ámbito de la opinión pública. Junto a ello, un tercer factor concretado en la progresiva organización de la sociedad civil, no precisa ya únicamente de manifestar su oposición a los poderes establecidos, mediante manifestaciones físicas en las calles, aunque este formato no ha sido abandonado en ningún momento. Recuérdese la impactante imagen de un solo individuo, frente a un tanque en la plaza china de Tian-Men.

La serie de manifestaciones de los estudiantes chinos en la plaza de Tian Men entre el 15 de Abril y el 4 de junio de 1989 en China. La prensa internacional se hizo eco de este movimiento, cuya culminación tuvo lugar el último día, con la impresionante imagen de un estudiante impidiendo el paso a un tanque del ejército. Fuente: Pxfuel.com

La pirámide de flujo de información, puede visualizarse como una matriz "multidireccional", aún con un mayor volumen de la información sigue fluyendo en sentido descendente.

Las manifestaciones de Hong Kong, se extendieron por todo el globo. Podría establecerse un punto de inicio en la generalización de las protestas en el movimiento estudiantil, protagonista del "Mayo francés", pero ciertamente, las protestas históricas en defensa de los derechos humanos denotan puntos álgidos como el ya citado anteriormente "movimiento sufragista", pasando por la defensa de los derechos de los negros en Estados Unidos en la década de los 60, hasta la aparición del "Fondo Social Mundial", formado en Brasil en el año 2001, que agrupa un gran número de organizaciones distintas como sindicatos y el movimiento antiglobalización.

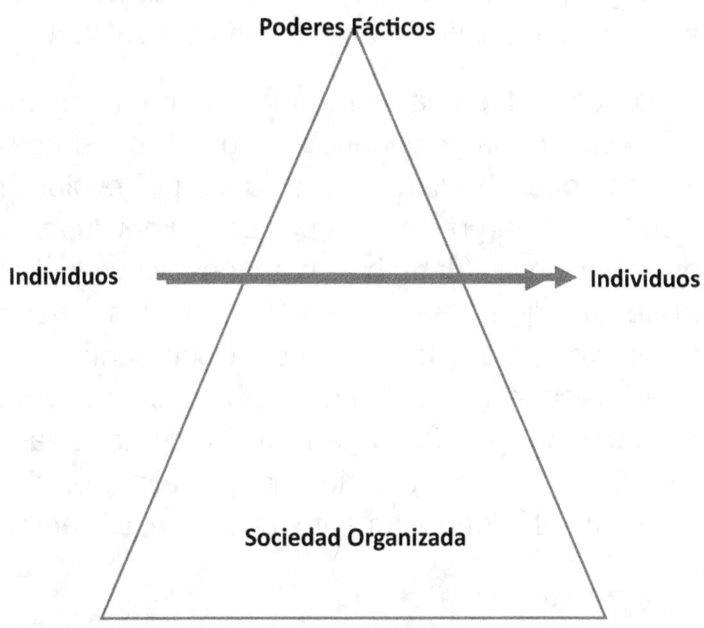

El sentido de la información en la estructura jerarquizada representativa del sistema social ha experimentado un cambio multidireccional añadiendo un mayor número de direcciones en el flujo de información en lo que algunos teóricos han denominado la aparición de la "democracia informacional. Los flujos se establecen, además de en el sentido descendente tradicional, en un sentido horizontal y ascendente. Fuente: Elaboración propia.

Las manifestaciones se perpetúan hasta la actualidad y el llamado por algunos medios de comunicación "el espíritu de 2019" -periódico El País-, ha tenido réplicas, con movilizaciones que se han extendido desde Barcelona hasta Santiago de Chile, Beirut, París y Bogotá. El citado periódico, describía así este fenómeno "…. el estallido de la ira ha visibilizado el descontento, la desigualdad y la polarización política. Un conjunto de acontecimientos memorables que culminan una década convulsa".

Un punto central en la conformación de la estructura social, precisa de la consideración concedida al apartado de los "derechos humanos" y a la propia evolución de este rótulo a lo largo del tiempo. En primer lugar, debe diferenciarse entre "derechos humanos" cuya aplicación se pretende que sea universal y los "derechos fundamentales", dependientes de la soberanía de cada país. La "Declaración Universal de Derechos Humanos" fue promulgada por la Organización de las Naciones Unidas" -ONU-, con posterioridad a la finalización de la 2ª Guerra Mundial, concretamente el 10 de Diciembre de 1948.

Los movimientos sociales y sobre todo, las distintas tendencias teóricas en las que se apoyan, siguen manifestando un tinte "voluntarista" acerca de la posibilidad del cambio social, a pesar de las dificultades operativas, definitorias de los sistemas complejos, ya manifestadas con anterioridad. Aunque ciertamente, surgen mayores puntos para la discusión que soluciones eficaces, la tendencia de los movimientos organizados no cesa, más bien se incrementa, vislumbrando nuevamente la utopía social.

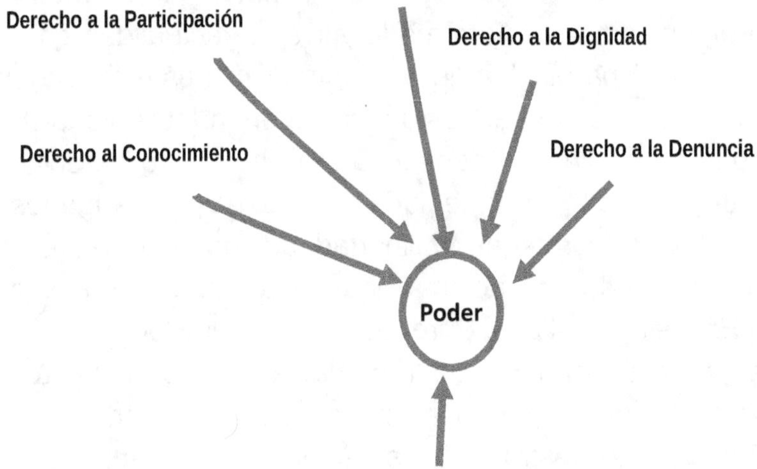

Los derechos humanos propuestos por la Escuela Crítica Europea varían fundamentalmente la óptica tradicional de los derechos aceptados hasta el momento y lo que es más importante, influyen limitando la visión tradicional de otros derechos como el correspondiente a los padres sobre la educación de los hijos. Si el derecho al conocimiento se concibe globalmente, un individuo tendría derecho de acceso al conjunto de conocimientos no solo históricos y científicos, sino también sobre las doctrinas morales y éticas propuestas por cualquier posición ideológica. Fuente: Elaboración propia

Surgen conclusiones, derivadas automáticamente de la aceptación de estos nuevos derechos. Algunas de ellas, incidiendo directamente en debates aparentemente diferentes como la reforma educativa, de actualidad en estas fechas en España. Una de las contradicciones más evidentes entre derechos contrapuestos, surge en la legitimidad propia de padres e hijos. El sentido común e incluso la lógica, se decantan hacia la potestad e incluso para algunos, la obligación de proteger la libertad de los hijos en el área específica de la educación. Según la demanda propuesta por la Escuela Crítica Europea, este privilegio parental, desaparecería en favor de la primacía del hijo, respecto a su propio "conocimiento". Un punto que ha abierto especial polémica en nuestro país, se centra en la "educación en valores". La derecha neoliberal manifestó una férrea oposición durante la legislatura socialista, en torno a la introducción en el plan de estudios, de una asignatura en concreto, denominada "educación para la ciudadanía".

Una mirada superficial, podría aducir un sencillo argumento en el intento de superar la cuestión, consistente en que el propio alumno, podría decidir, una vez poseyera edad suficiente, sobre su deseo de acceder a la calidad, cantidad y tipo de conocimientos. Este dilema, presenta una formato similar a la enseñanza obligatoria de la asignatura de "religión", defendida en esta ocasión por los gobiernos neoliberales sin excepción. Ambas posiciones, basadas en falsos dilemas, son erróneas. Los valores y el sistema de creencias del individuo, se conforman paulatinamente en función de los conocimientos acumulados, especialmente en sus etapas de aprendizaje.

La siguiente prerrogativa pretendida por la visión posibilista, supone un paso más en la extensión de derechos, ya que apunta a la propia participación ciudadana en el proceso de elaboración de la plataforma que contiene el conjunto de prescripciones y proscripciones -obligaciones y prohibiciones- que deben acatar y disfrutar, respectivamente. Se trata claramente de un bucle positivo. La inclusión de los individuos en las decisiones gubernamentales, constituye una de las piedras angulares en la construcción del edificio democrático real y no únicamente pretendido.

Todos los derechos en realidad, son susceptibles de subsumirse en uno solo: el derecho a la "dignidad individual". Aún manteniendo un enfoque restrictivo de las atribuciones legales que el individuo merece, la educación, la vivienda, el trabajo y la protección familiar, inciden directamente en la esfera de la mínima dignidad humana exigible. La paradoja vuelve a manifestarse por cuanto los derechos mencionados, se incluyen en la mayoría de las constituciones democráticas modernas, pero en la práctica son desatendidos en la mayoría de los casos, debido a condicionantes económicos. En España, durante el mandato neoliberal de la etapa del Partido Popular, a partir de las restricciones presupuestarias impuestas por la "Troika" -Comisión Europea, Banco Central Europeo y el Fondo Monetario Internacional-, traducidas en constantes recortes presupuestarios que afectaron principalmente a las áreas de sanidad y educación públicas, fue denominado acertadamente "austericidio", por distintos medios de comunicación.

En este período, 35.000 enfermos diagnosticados con "hepatitis C" -según datos de distintas asociaciones de enfermos- fallecieron por no poder acceder a la medicación adecuada -Sobaldi-, bajo la deleznable excusa expresada por el Gobierno de que "no había dinero para la adquisición del medicamento". Debe apuntarse que ciertamente, el medicamento, tenía un precio excesivamente inflado, nuevamente en virtud del trato contemplativo de la Administración ante los poderosos grupos industriales farmacéuticos. Un nuevo ejemplo de dos falacias recurrentes, con las que se ha faltado a la verdad. El dinero "fiat" y su manejo, constituye uno de los mayores engaños de los gobiernos de las sociedades democráticas occidentales a sus ciudadanos. De otro lado, la manida sentencia de "igualdad de todos los ciudadanos ante la ley" queda en una ridícula máxima, más cercana a la ironía que a una pretendida norma deseable.

Uno de los derechos que ha suscitado mayor enfrentamiento en este listado, se refiere a la opción de cualquier individuo a "formular denuncias ante los tribunales competentes" -internacionales en este caso- acerca de las decisiones y actuaciones de dirigentes políticos o de sus gobiernos, que hubieran cometido crímenes de "lesa humanidad". El listado es amplio, pero como ejemplo relativamente inmediato en el tiempo, puede considerarse la guerra de Irak, avalada y ejecutada por tres de los Gobiernos con dirigentes neoliberales en aquel momento: Estados Unidos de América, Reino Unido y España. Dos de ellos, han pedido perdón públicamente. Merece recordarse, que la oposición del pueblo español a dicha decisión, expresada en distintas encuestas, alcanzó un nivel superior al 94 %.

Finalmente, el derecho a manifestar la "opinión individual", trasciende con mucho el derecho implícito relativo a la libertad de expresión. Se trataría más bien, del diseño de una estructura pública que atendiera las opiniones y propuestas de la ciudadanía, no únicamente referidas a la libre expresión, sino más bien a nuevas realidades económicas, modos de acción y áreas de investigación, potencialmente eficaces para el progreso de la sociedad. Los mecanismos de impulso de "startupps" -nuevas y pequeñas empresas de nuevas ideas- o la figura del "defensor del pueblo", por ejemplo, presentan más deficiencias que bondades.

Se muestra como un objetivo de difícil consecución, el diseño de una estructura social equitativa, si además de sus dificultades constitutivas, se distorsiona el sentido de alguno de sus componentes fundamentales. La clase política debe trabajar por el conjunto social considerado en su totalidad; el profesorado debe de ser dotado de las condiciones legales y recursos para la enseñanza y los padres respetar los derechos de unos hijos, que serán pronto individuos responsables. Todo ello bajo el axioma del esfuerzo conjunto de la totalidad de instituciones que deben componer, eso sí, una sociedad organizada, ética, equitativa y responsable.

Capítulo XIII· La Culminación Civilizatoria

"Lo más frecuente es que las limitaciones que nos imponemos nosotros mismos sean los más grandes obstáculos que tenemos que superar"
Aaron Sloman -Filósofo africano-

"La ciencia rivaliza con la mitología en milagros"
Ralph Waldo Emerson -Escritor y filósofo estadounidense-

La aparición de las primeras civilizaciones, produjo el comienzo de la "evolución cultural", también denominada "segunda evolución". Una de cuyas principales características, consiste en la "progresión exponencial" de los cambios sociales. En términos vivenciales, este hecho se traduce en la sensación de aceleración constante del "tempo" vivido o experienciado, en una percepción de vértigo vital; en un ritmo de cambio, que en muchas ocasiones, desborda la propia percepción y por ende, la capacidad de respuestas conductuales eficientes, por parte del colectivo social.

Siguiendo un camino habitual en la observación del comportamiento social, dos autores, han tratado de formular este acontecimiento. Derek John De Solla Price, en 1976, describió el crecimiento de la información científica, como una progresión similar al crecimiento de la población, denominada "explosión de la información". En dos ocasiones, la hipótesis ha sido modificada; la razón resulta sencilla de comprender: la propia evolución de la información, ha dinamitado todo intento de evaluar el ritmo del progreso humano. Idéntico final, ha sufrido la ley que Gordon Price elaboró, prácticamente en el mismo año, centrada en estimación de la velocidad de reducción del tamaño y abaratamiento de los "chips" informáticos que componen los ordenadores. A pesar de los constantes avances de la *nanotecnología*, ha llegado un punto en que los circuitos integrados, base de los sistemas procesadores de las computadoras, no pueden reducirse más.

Éste ha constituido el punto de inflexión, para el comienzo de los intentos de configuración de la "cibernética cuántica", es decir, del nacimiento de los primeros "ordenadores cuánticos". Sin necesidad de descender al detalle, la estructura física de los computadores, basada en el procesamiento por medio de microchips, sería sustituido por una fuente de energía de distinta composición, como por ejemplo,   lumínica -los fotones-. La velocidad de procesamiento de la información, aumenta exponencialmente en los primeros prototipos de esta clase de computadores, hasta el punto de reducir a horas, los cálculos que los ordenadores más potentes actuales, tardarían meses en realizar, o peor, no serían capaces de lograr. Uno de los principales inconvenientes, pendientes de resolución en este tipo de computación, consiste en que dicha base energética debe mantenerse aislada de toda influencia exterior y a niveles de baja temperatura, para preservar su adecuado funcionamiento. En cualquier caso, los gigantes de la industria tecnológica y no solo de la computación, han comenzado a presentar sus avances.

La "cibernética" representa una de las dos disciplinas científicas, que han experimentado un mayor progreso, causa y origen de la "excepcionalidad" imperante en el presente siglo. En concreto, la mal denominada *inteligencia artificial*, ha permitido el retorno explosivo de las antiguas utopías y ensoñaciones humanas, como la búsqueda de la "inmortalidad". Una vez más, la teoría de la "evolución dual" de la humanidad, ancla en este punto su razón de ser. Mientras que la civilización oriental en general, ha perseguido la *inmanencia* o desarrollo y control emocional como camino al perfeccionamiento interior, la sociedad occidental, ha caído nuevamente, en la alimentación y conformación con indudable ánimo comercial, de la pretensión de *trascendencia* o en otros términos, la obtención de la antigua quimera alquímica: la búsqueda infructuosa e obsesiva de la fuente de la eterna juventud. Dicho de otro modo, ha construido de forma totalmente artificiosa un nuevo mito, unido o derivado de la creencia religiosa, en este caso, el *tecnomito*.

El desarrollo de dos grandes especialidades científicas, han abonado el camino para la aparición de la doctrina *transhumanista*, con clara intencionalidad propagandística y desde luego, económica. Durante el verano de 1956, un amplio grupo de científicos y especialistas, interesado en la construcción de máquinas que podían aportar progresos en el procesamiento del creciente cúmulo de información, producida por la ciencia y la cultura, se reunieron en el Congreso de Darmouth, en New Hampshire, USA. La principal hipótesis de trabajo y por tanto, de discusión, se centraba en que cada aspecto del aprendizaje y en general de la inteligencia humana, eran susceptibles de ser descritos de forma tan precisa que un programa informático diseñado con esa finalidad, sería capaz de reproducir cualquiera de las habilidades humanas, definidas como inteligentes.

Algunos de los participantes, como Allen Newell y Herbert Simon, preferían utilizar el término "procesamiento complejo de la información" para denominar este conjunto de actividades, pero John Mc Carthy, organizador del evento insistió en que la denominación "Inteligencia Artificial", llamaría en mayor medida, la atención del gran público y atraería mayor cantidad de artículos y publicaciones sobre el nuevo campo de investigación. Y efectivamente, tenía razón.

Mc Carthy se asoció con Marvin Minsky, para fundar en el mismo Instituto Tecnológico de Massachussets -MIT- el "Laboratorio de Inteligencia Artificial" que ha ido desarrollando, durante más de medio siglo, numerosas aplicaciones derivadas de en el que en ese momento, no era más que un campo de investigación incipiente. Ninguno de los dos innovadores, puede considerase el creador de esta área de estudio, hecho atribuido con toda justicia al británico Alan Turing, pero si establecieron un claro punto de partida y sobre todo, la generalización del rótulo, acelerando el desarrollo tecnológico del presente siglo

Así, elaboraron numerosas aplicaciones, incorporadas con rapidez a las áreas del uso personal, tanto como laboral. Entre las más destacadas, pueden mencionarse el "cloud computing" -computación en la nube-, el "big data" - recolección y uso masivo de grandes cantidades de datos-, los "blockchains" -cadenas seguras de datos-, junto con el "bitcoin, la "realidad virtual", el llamado "internet de las cosas", distintos tipos de "robots", para ser utilizados en una amplia variedad funciones, como pueden la tele-asistencia, acompañamiento o seguridad de personas mayores y dependientes, los "vehículos autónomos", la conocida "impresión en 3D" -tres dimensiones-, las "fábricas oscuras" -denominadas de este modo, puesto que se encuentran totalmente automatizadas y no precisan de intervención humana y en consecuencia, tampoco iluminación-, la "biología sintética", el "auto-ensamblaje molecular", los cimientos de la ya mencionada "computación cuántica" y la "computación orgánica".

El segundo pilar en el que se asienta esta embriagadora eclosión de confianza y dominio de la naturaleza, proviene de las investigaciones sobre *secuenciación genética*. La doctora Jennifer Doudna, catedrática de Química y Biología Molecular en la Universidad de Berkeley, presentaba en el año 2012, el que puede ser uno de los descubrimientos científico-técnicos más relevantes de la historia de la ciencia. Un método de secuenciación genética, una herramienta de tamaño microscópico, capaz de secuenciar el ADN humano, denominada Casp 9. Dentro del marco de actuación de la secuencia genética, CRISPR -Repeticiones Palindrómicas Cortas y Regularmente Espaciadas-, se ha revelado capaz de cortar cualquier sección dañada de la cadena genética humana y sustituirla por una idéntica sección sana de la misma.

El avance, fue completado con la aportación de otro catedrático, esta vez perteneciente a la Universidad de Standford. Karl Deisseroth presentó una técnica capaz de iluminar, mediante emisores de luz -LRDS- las zonas de intervención del CRISPR. Nacía así, la *optogenética.* Las consecuencias morales y éticas, sobre la opción de modificación de la herencia y su carácter permanente, extendida a la totalidad de los grupos humanos descendientes del individuo tratado por las técnicas de modificación genética, siguen en la actualidad en plena ebullición.

Este panorama, parecía un terreno abonado para los objetivos desquiciados e irreales, la desinformación generalizada, las tergiversaciones y sobre todo, la aparición del que parece ser, el gran negocio permanente del futuro inmediato. Era el momento de la aparición del "Transhumanismo". El liderazgo carismático del movimiento, recae en Raymond Kurzweil, un moderno gurú del futurismo, obsesionado por sus propias lacras personales. Licenciado en el Instituto Tecnológico de Massachusetts, en literatura e informática en 1970. A partir de ese momento, comenzó su camino hacia el estrellato global. Cofundador de la "Universidad de la Singularidad", patrocinada conjuntamente por Google y la NASA y asesor técnico de la primera, sus predicciones erráticas aunque dotadas de rentabilidad comercial y de amplia influencia social, parecen no tener límites. En su conjunto, el movimiento pseudocultural transhumanista por medio de sus principales representantes -Audrey De Bray o José María Cordeiro-, conciben el envejecimiento Y la muerte, como una enfermedad y por ende, susceptible de remedio.

Resulta de interés, desde el punto de vista preferente de la sociología, la predicción de la pronta aparición de la denominada "Singularidad Tecnológica", consistente en el cercano momento en que la inteligencia artificial, domine por medio de la imposición, la humanidad que la ha creado. Resulta difícil de creer que un experto en tecnología e informático, pueda realizar tan burda afirmación. Gran cantidad de expertos y autores especializados en divulgación científica, han descartado ya tal posibilidad. Los motivos para este distópico panorama futuro, han sido concretados con meridiana claridad, en gran parte derivadas de las disciplinas ligadas a la cibernética, que han experimentado un continuo y considerable avance en la última década.

La programación informática, ha sido capaz de desarrollar distintos métodos para obtener un un progreso continuado en el rendimiento de los ordenadores, mediante la ampliación de las distintas técnicas aplicables al denominado "aprendizaje profundo" -deep learning-, como en el caso del "aprendizaje por capas". El componente cultural que otorga carta de presentación, a la creencia del potencial avance invasivo de la inteligencia artificial sobre la humanidad, descansa en realidad, en un mecanismo que no proviene de las máquinas, si no más bien, del modo operativo del cerebro humano y no es otro que la propensión a la "antropoformización" o tendencia ancestral generalizada, de dotar de rasgos humanizados a todo fenómeno -ej. Destino-, que presente características de conducta similares a las propias del comportamiento inteligente -el destino sería una entidad intencional aunque invisible-. En robótica, esta tendencia se agudiza, por la persistente humanización del aspecto de los robots.

La desilusionante realidad para los creyentes en el nuevo mito -tecnomito-, se concreta en que un computador, se compone esencialmente, de un conjunto de circuitos -

independientemente de su clase- más una programación que decide su actuación. El objetivo de la dominación por parte de una máquina -sea cual sea su tipo-, requiere como se ha observado en capítulos anteriores, *intencionalidad*. Este tipo de finalismo, descansa en la *conciencia* o percepción de si mismo, en oposición al resto de realidades externas. Un ordenador no "aprende", sino que incorpora progresivamente -por capas-, nuevas opciones de respuesta en base a a su eficacia anterior, reforzada normalmente por la intervención humana y por tanto, externa. Un ordenador por complejo que pueda ser, no puede poseer siquiera, un mapa "mental" representativo de sus propios circuitos.

La segunda gran afirmación del transhumanismo, ya comentada, constituye la posibilidad de materializar mediante tecnología, en este caso y no a través de espacios inventados -como el cielo o el infierno religiosos- un ancestral deseo y esperanza humanos. El mecanismo potencialmente utópico, capaz de conseguir la añorada inmortalidad, se basa en el denominado proceso de "carga" -uploading- de la conciencia de un individuo, en un ordenador avanzado. El salto siguiente -el funcionamiento de esta utópica "hibridación"-, pretende conseguir de este modo, la obtención de la permanencia de la conciencia a lo largo del tiempo.

Son muchos y variados, los argumentos científicos que niegan esta posibilidad y no pueden por razones obvias, incluirse aquí. Pero aún, admitiendo que técnicamente, pudiera ser posible el transvase de una conciencia humana, entendida como la secuencia de vivencias a un soporte mecánico, completando el proceso de "hibridación" pretendido, el mecanismo resultante carecería de un lado, de la estimulación ambiental necesaria para su estabilidad cerebral y de otro lado, de la continuada alimentación proporcionada por el sistema químico, omnipresente en el cuerpo humano. Es decir, el engendro pretendido, constituiría "una máquina sin emoción", según el término utilizado por algún teórico critico. Su final se ha fijado con claridad: la locura previa a la muerte.

La persistencia ancestral de la quimera alquímica, centrada en la consecución de la inmortalidad, ha calado profundamente en aquellos grupos bien definidos ideológica o económicamente, que creen poder aspirar a la rotura de los limites biológicos, que la evolución natural ha tardado 3.700 millones de años en culminar. Obviando la diferencia conceptual, existente entre la prolongación indefinida de la vida y la inmortalidad, que condujo en el pasado hacia el sueño alquimista, que persiguió el "elixir de la eterna juventud", el transhumanismo aporta en el presente, caminos presumiblemente científicos pero igualmente falsos, en la búsqueda de idéntico objetivo. Al menos dos enfoques disciplinares provenientes de especialidades científicas distintas, han contestado a la posibilidad de alcanzar la superación del límite de la vida humana actual que como promedio, se establece en torno a los 85 años.

La "biología molecular", aporta evidencia sobre la capacidad de regeneración celular, estableciendo un potencial determinado para el número de replicaciones posibles, en función del progresivo acortamiento de los "telómeros" -las partes últimas de los cromosomas destinadas a su protección-, producida en cada nuevo ciclo renovador. La óptica de la "teoría de la información", resalta que la capacidad total de errores de copiado celular, presente por definición en cada proceso de replicación, no puede superar salvo excepciones, idéntico período de edad. Distintos enfoques para idéntico resultado. En definitiva, sin entrar en detalles, cada reproducción celular, comporta la aparición de un mayor número de "radicales libres", un proceso a nivel atómico mediante el que el electrón pierde su protón asociado. En el ciclo ininterrumpido de copiado celular, el proceso de deterioro se intensifica hasta el momento de representar un imposible atómico. La vida eterna, seguirá siendo un mito, propio de la religión. Todos los individuos preocupados lícitamente, por su seguro final biológico, pueden buscar consuelo en la numerosas variedades existentes de doctrinas religiosas.

La uniformidad en el diagnóstico, acerca de que la "desigualdad económica", se erige como uno de los parámetros constituyentes de la actual sociedad, genera a su vez, un tipo de distanciamiento clasista, de carácter más ofensivo, más grosero, más insultante: la diferencia *biológica*. Las clases con mayor poder adquisitivo, podrán recurrir a técnicas actuales, como el tratamiento con células madre, el implante de órganos -producidos a partir de sus propias células con el objetivo de evitar el rechazo- y transfusiones de sangre, cuyo efecto evidente resultará en un alargamiento del ciclo vital.

Aproximadamente hacia el año 2050, se calcula que comenzarán a vislumbrarse, dos grupos claramente diferenciados de seres humanos: ciudadanos de primera y segunda clase. El primer grupo, duplicará con cierta facilidad el promedio de vida actual, pudiendo superar los 150 años, con un nivel de calidad de vida significativamente alto. Mientras que un segundo grupo, sin acceso a este tipo de tratamientos de coste económico considerable, seguirán falleciendo con el mismo nivel de edad actual promedio, sufriendo todos los achaques y penurias que comporta el envejecimiento. No se trata, como han expresado algunos autores de "querer ser como Dios", sino más bien, el deseo de inmortalidad puede definirse como el resultado de la expresión formal de una hipérbole o exageración desmesurada de un deseo ancestral, basado más en el sentimiento que en el conocimiento. El ansia de eternidad, según Kierkegaard, es producto directo de la desesperación humana.

Con todo ello, puede afirmarse, que el presente siglo, proporcionará avances en distintas aplicaciones y disciplinas científicas y sociales, nunca antes imaginadas. Un ejemplo claro y determinante, puede encontrarse representado en el próximo lanzamiento de una misión tripulada a Marte con el objetivo de formar una colonia permanente. Los humanos se convertirán en los alienígenas, descritos por la ficción y temidos, a la vez que deseados, por la población mundial a partes iguales. La sociedad actual puede definirse, sin temor a la equivocación, como una auténtica *civilización del conocimiento*.

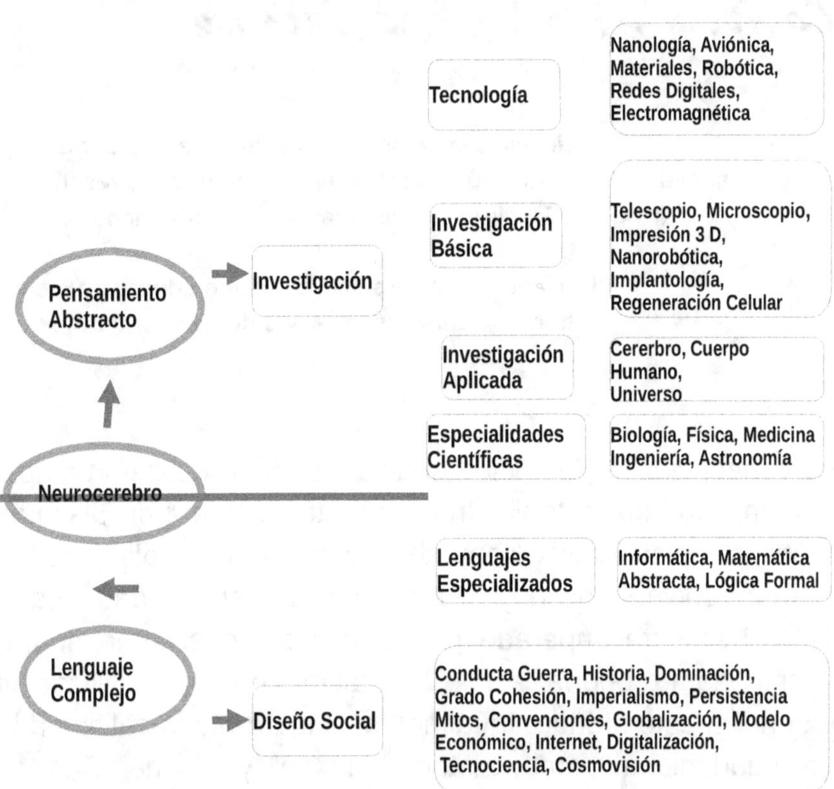

La adquisición de la inteligencia en la evolución del hombre, le dotó de dos prestaciones esenciales como son el pensamiento abstracto o complejo y la posterior aparición del lenguaje. La primera de estas facultades, posibilita la imaginación de actividades y lugares que nunca ha experimentado como por ejemplo, la existencia de la nada. El lenguaje complejo ha constituido la piedra basal sobre la que se ha apoyado las grandes construcciones sociales y con ellas, el comienzo de lo que muchos autores han denominado la segunda etapa evolutiva o evolución cultural, que ha incidido en el progreso humano de forma exponencial, generando huellas incluso a nivel biológico. Parece innegable, el hecho de que el continuo perfeccionamiento del neurocerebro humano continua indefinidamente con los cambios potenciados por la progresiva adquisición de conocimientos constituyendo otro rasgo sustancial de la adaptación humana. Fuente: Elaboración propia.

Capítulo XIV· La Red Extensa

**"La ciencia y la tecnología revolucionan nuestras vida,
pero la memoria, la tradición y el mito enmarcan nuestra respuesta"
Arthur M. Schelisinger -Historiador y crítico estadounidense-**

**- "La ciencia comete suicidio cuando adopta un credo"
Thomas Henry Huxley -Filósofo y biólogo británico-**

La concepción de la sociedad actual como un sistema global y complejo, ha sido ilustrada repetidamente por distintos teóricos relevantes. Kenneth Boulding ha calificado el sistema social con un grado máximo de complejidad -grado 7-, únicamente superado por un hipotético sistema supra-social, como podría ser el contacto con una civilización exterior a este mundo. Igualmente, Edgard Morin califica a la sociedad global como "sistema mundo" y Manuel Castells habló hace más de 20 años de la "sociedad red". La característica fundamental que define un sistema complejo, reside en la *interacción* entre sus componentes; pero en las situaciones críticas de alcance general, los sistemas complejos se convierten en *sistemas complejos adaptativos al borde del equilibrio*, en los que los procesos interactivos alcanzan su mayor potencialidad, con el objetivo de asegurar el fin último de cualquier ente viviente: la supervivencia.

Sin duda alguna, la presente pandemia originada por el SARSCOV-2, representa una de esas situaciones. No se trata en absoluto, de la pandemia más virulenta sufrida por la humanidad. La primera de ellas, tuvo lugar en el mismo momento en que el hombre inició la época del sedentarismo y domesticó plantas y animales. El virus de procedencia animal, causó un número de muertes difícil de contabilizar. La mal denominada "gripe española", originada en Estados Unidos terminó en 1918 con una cifra aproximada de 50 millones de muertos. La epidemia del VIH -sida-, contabilizaba en 2018 según la división especializada de la ONU para su estudio y control -ONU Sida- que como promedio, unos 74,9 millones de personas habían contraído la enfermedad, dejando unos 32 millones de fallecidos.

La pandemia del Covid-19 muestra una sorprendente correlación, entre dos de sus principales indicadores, el número total de contagios y muertes, con el grado de autoritarismo de los dirigentes políticos gobernantes en cada país. Este tipo de comportamiento, no resulta exclusivo de los líderes de ultraderecha; incluye igualmente, las dictaduras de Estado como en este caso Rusia. Así, en el momento de escribir estas líneas, Estados Unidos, Brasil y Reino Unido, a los que debe unirse Rusia, ocupan cuatro de las cinco primeras posiciones, en cuanto al número de contagios totales. Los países gobernados por dirigentes de la ultraderecha neoliberal como Donald Trump, Jair Bolsonaro, Boris Johnson y la dictadura socialista dirigida por Vladimir Putin, ostentan el penoso liderazgo en los índices de contagio. Una posible explicación causal, estriba en que la ideología dirigente conlleva un determinado conjunto de creencias que incide directamente en el diseño social que se favorece desde el poder. Curiosamente, la ultraderecha política representa un grupo reconocible que se incluye en la categoría sociológica de los *conservadores*, entre los cuales aparecen los principales colectivos *negacionistas*. Estos grupos, reaccionan negativamente mediante la minusvaloración o la negación, de todos aquellos axiomas, eventos o sucesos, que puedan alterar las ideas tradicionales.

De este modo, la ciencia y las nuevas situaciones, encuentran en estos grupos un muro difícil de superar. La cosmovisión conservadora, indisolublemente unida a la religiosidad al menos aparente, conforma una barrera aislante del progreso, idéntica a la existente en la misma edad media. Estos grupos conservadores propugnan una tranquilidad artificial, similar al dulce letargo de la inacción, coherente con el generalizado supuesto de la irreversibilidad del destino.

El nivel educativo medio de la población, ha resultado ser una de las variables más determinantes en el control de la primera oleada pandémica; como ejemplo prototípico, Uruguay ha conseguido controlar el contagio mediante la llamada al comportamiento responsable de la ciudadanía. En general, éste ha sido el caso de los países nórdicos con la notable excepción de Suecia. Anders Tegnell, máximo responsable del sistema sueco de salud, ha reconocido que debía haber apostado por una modalidad de confinamiento más estricto. La cultura, o mejor, la cosmovisión imperante ha determinado la capacidad de control de la pandemia. Un ejemplo en este sentido, se puede encontrar en Finlandia, que almacenaba gran cantidad de recursos médicos y en palabras textuales de alguno de sus dirigentes "el país se encontraba preparado tanto para una emergencia de tipo médico como para la tercera guerra mundial".

La decisión uniforme de las sociedades occidentales, ha sido uniforme en el sentido de que la estrategia general adoptada, consiste en "convivir" con el virus, con la esperanza latente de que la amenaza pase a adquirir la categoría de infección periódica y controlable, de forma similar a las enfermedades originadas por agentes patógenos similares, es decir, se ha decidido la continuación de la actividad económica, con la presencia constante del riesgo de muerte.

Tal y como ha ocurrido en situaciones pasadas, similares en cuanto al grado de riesgo o amenaza, se ha depositado la esperanza de superación de un momento dramático, en la capacidad tecnológica de la ciencia. En efecto, las máximas autoridades de la salud mundial, pertenecientes a la Organización Mundial de la Salud -OMS-, han coincidido con la práctica totalidad de los gobiernos nacionales. Las dos máximas prioridades, consisten en la búsqueda de una vacuna y un tratamiento o antiviral, capaces de prevenir y resolver los casos graves de contagio, respectivamente. La ciencia pionera, ha utilizado la cibernética para su principal prestación: el cálculo ingente de datos. Francia, Alemania e Italia colaboran en un macro-programa, que compara más de 500.000 componentes de medicamentos conocidos, con todos los datos existentes sobre la secuenciación genética del Covsars-2. De otro lado, las grandes empresas farmacéuticas se han lanzado a una dislocada carrera por una vacuna, que representará indudablemente una fuente de ingresos económicos, de dimensión descomunal. Debe señalarse, que aparece en este punto, una sugerente variación de la teoría de juegos, ya que el egoísmo individual, supone el beneficio general. Ningún grupo o colectividad, se encontrará a salvo si no lo está el resto del mundo ,ya que la movilidad de los individuos, representa una de las principales características de la sociedad globalizada.

De otro lado, la interdependencia de los grandes indicadores del funcionamiento global, aportan un dato sorprendente que a falta de confirmación, se revela como ilustrativo, pero no por eso, carente de lógica. El confinamiento de una gran parte de la población mundial, ha conseguido aquello que las distintas cumbres del clima no han sido capaces de lograr: detener el calentamiento global. La temperatura promedio, ha descendido 1.5 grados Celsius, según algunas fuentes de información periodísticas. Se habían producido avisos, sobre el peligro sobre del cambio climático determinado en gran parte, por la tala indiscriminada del sistema de selvas y bosques amazónicos, uno de los principales pulmones del planeta. Igualmente, existían advertencias sobre los cambios activos en ambos polos árticos, en especial, el calentamiento sobre el ártico norte, que comienza en Canadá. El peligro de incremento del nivel oceánico, consecuencia del derretimiento de ingentes cantidades del hielo ártico, amenaza directamente un gran número de ciudades costeras a nivel mundial.

Además de este dato, se pone de relieve, la destrucción de los territorios animales por la invasión humana que ha producido un mayor contacto entre ambas especies, reproduciendo el fenómeno que apareció hace 12.000 años con la domesticación animal: el contagio vírico animal.

En el momento presente, se asiste especialmente en Europa, a una considerable cantidad de los denominados "rebrotes" epidémicos de la pandemia -en el lenguaje epidemiológico o médico, no existe tal término-. Un foco fácilmente distinguible, se ha localizado en aquellas industrias del sector alimentario -agrarias y cárnicas-, que utilizan un tipo específico de trabajador: el operario temporero, principalmente de origen migrante. La insistencia de estas empresas, dirigida a la salvaguarda de su imagen corporativa, consistente en la observancia de las normas higiénicas en el trabajo, ocultan las verdaderas causas del contagio: las condiciones de hacinamiento en las que viven y se trasladan dichos colectivos laborales.

El "diseño social" en este caso, referente a las condiciones laborales y de contratación, afectan directamente al nivel de propagación del virus, así como a la intensidad y virulencia de los contagios. La relación entre la dignidad necesaria de las precarias condiciones de habitabilidad de este colectivo, traspasan la esencial normativa sanitaria. Una vez más, emerge la sobre-exposición de los grupos marginales ante las crisis, sea cual sea su origen y naturaleza. Al igual que en un tornado, las viviendas más humildes, representan el mayor número de incidencias, en una pandemia, los grupos marginales, como pobres y mayores, sufren los ataques de la bestia con el rostro de la desigualdad, globalmente presente. Directamente relacionado con este este punto, resulta perentorio la necesaria revisión, en este país, de las condiciones de gestión de las residencias para mayores.

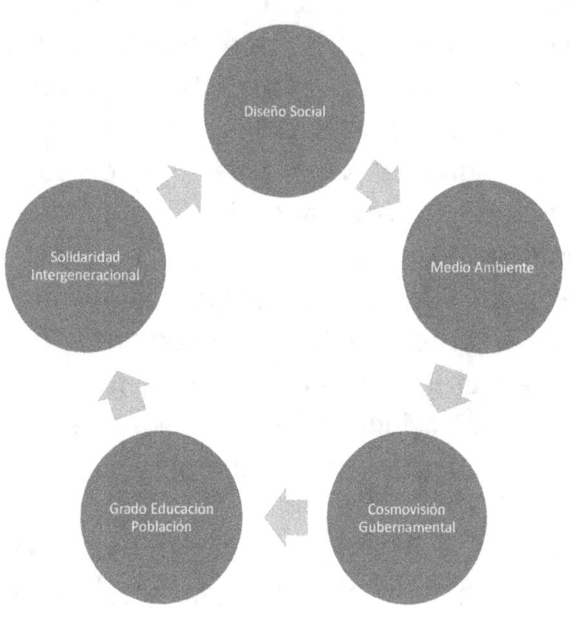

Las ciencias de la complejidad han puesto de manifiesto la interrelación entre los distintos parámetros sociales. La regla general muestra la incidencia del grado educacional de un país en la gestión de una pandemia, así como el tratamiento del medio ambiente y su influencia en otra serie de hechos relevantes. El grado de madurez democrática, es susceptible de medirse, por el grado de atención concedida a los grupos marginales o desfavorecidos, como pobres y mayores. El ideal del diseño social debería poner su foco de atención, en el grado de bienestar legado a las generaciones futuras. Fuente: Elaboración propia.

Capítulo XV· La Visión del Navegante

"En todos los grandes hombres de ciencia, existe el soplo de la fantasía"
Giovanni Papini -Escritor italiano-

"La experiencia más bella que podemos tener es misteriosa. Es la emoción fundamental que se encuentra en la cuna del verdadero arte y la verdadera ciencia".
Albert Einstein -Físico austríaco-

Fen Xi desconectó el monitor, en el que había visionado la historia de la Humanidad en la Tierra, justo en el capítulo que contenía la primera mitad del siglo XXI, momento en que partió la primera expedición a Marte, el planeta rojo. Aunque en su idioma natal, su nombre significaba "analítico", en su comunidad todos le conocían por el apelativo de "Navegante", ya que descendía directamente de la mujer que había desempeñado esa función en la expedición inicial, de eso hacía ya 250 años.

Pertenecía pues, a la 10ª generación de terrestres nacidos en el nuevo planeta. La "Comisión de Equidad Intergeneracional", le había encargado un informe correspondiente a la especialidad de "arqueología social", debido a su capacidad de análisis lógico y su pasión por el diseño de sistemas sociales.

Era indudablemente un posibilista, a pesar de las conocidas dificultades de gestionar una comunidad, que por definición, representaba un sistema complejo, cambiante y adaptativo. Mientras meditaba sobre sus conclusiones, se acercó al gran ventanal por el que podía observarse el exterior de la gran estructura en la que habitaba, la ya numerosa comunidad de colonos, que habían llegado en una cuidadosa sucesión desde el planeta madre. Según los sociólogos, el tamaño actual de 125.000 miembros, cubría las necesidades y servicios básicos de cualquier colectivo autónomo.

El exterior aún mostraba claros signos de encontrarse en la primera fase del gran proceso de "terraformación", que la colonia había emprendido desde el mismo momento en que se asentó en el planeta. El objetivo final de dicha transformación, consistía en conseguir la denominada "fase azul" en la que el agua líquida, dominaría el planeta. Para ello, debían de calentar el frío hermano rojo del planeta natal de la humanidad. Pensó con cierta ironía, en la relatividad de las condiciones del entorno y su abrumadora determinación en la vida y evolución. Para la Tierra, el excesivo calentamiento se había convertido en un serio problema, causante en parte, de la decisión de búsqueda de planetas alternativos en los que establecer colonias humanas. Sin embargo, en Marte, aún no habían conseguido pasar a la "fase verde", consistente en el nacimiento exuberante de las plantas que la Tierra, había experimentado en el período cámbrico. En el momento actual, la atmósfera seguía siendo prácticamente inexistente, por lo que la estructura habitable se encontraba a salvo, debido al uso de un escudo protector compuesto por idéntica capa magnética de la que se protegía; los letales rayos gamma, emitidos por el Sol.

Al retirarse del enorme panel, observó su imagen reflejada en el cristal. El delgado cuerpo y mayor altura, en relación a los primeros humanos llegados a la base, se debía a la menor gravedad existente en el planeta, aproximadamente, 1/3 de la gravedad terrestre. La disminución de masa ósea y muscular, había modificado la distribución de recursos biológicos, redirigiéndolos al cerebro; éste recibía mayores aportes energéticos y de oxígeno. En consecuencia, el tamaño cerebral había aumentado de tamaño, aunque solo ligeramente. La estructura craneal protectora, se había adaptado al aumento. Debido a la "plasticidad" o capacidad de adaptación del órgano rector de su sistema nervioso, el nivel de inteligencia y también de sensibilidad emocional, se habían incrementado significativamente. Igualmente, se constataba un cambio en la tonalidad de la piel, debido a un leve oscurecimiento programado mediante una técnica de edición genética. La cantidad de "melanina" o compuesto defensivo de la piel a las radiaciones solares, había sido modificada artificialmente, con el fin de obtener una mayor protección de las mortíferas radiaciones solares, concretamente de los rayos gamma.

Fen Xi, volvió a pensar en las conclusiones que debía presentar al Comité. La diferencia en la cobertura de necesidades básicas, en gran parte determinada por el agresivo entorno físico, había modulado diferencial y drásticamente, el propio diseño social existente, traducido en varios indicadores fundamentales en todas las civilizaciones terrestres diferentes. Los alimentos eran cultivados en los amplios invernaderos, mediante técnicas trangénicas e hidropónicas, mientras que la vestimenta, se realizaba a medida y con piezas únicas, similares a monos espaciales, mediante impresoras 3D. La asignación de viviendas era consecuencia directa del tamaño familiar, ya supervisado aunque no sometido a regulación estricta, y como segundo criterio, por cercanía al lugar de trabajo. Las unidades residenciales se ampliaban, utilizando la ingeniería modular, técnicas de "Orgami", propias de la antigua papiroflexia.

La evolución humana en la Tierra, al contrario, se había configurado, persiguiendo la cobertura de sus necesidades básicas, principalmente de la obtención de alimentos. Este hecho, había constituido el germen del intercambio comercial. Una vez formadas las naciones-estado, todas y cada una de ellas, habían adoptado un determinado sistema económico. El mayor error de las sociedades occidentales, había consistido en el encumbramiento del sistema económico sobre las instituciones gubernamentales, es decir, sobre la política. El gobierno, teórico garante de los derechos humanos, había sucumbido al imperio de las corporaciones transnacionales y aún peor, a la búsqueda obsesiva del superávit económico. La economía se había convertido en una actividad desigual, competitiva y origen de las estrategias de "dominación" de los poderes fácticos, es decir, reales aunque no nominales. Igualmente, la Colonia marciana prácticamente en su totalidad, se había desprendido de la persistente y generalizada creencia religiosa, presente desde los inicios de la civilización terrestre. La tecnología determinaba y preservaba la existencia de la Colonia. Si existía un Dios creador universal, se encontraba en el lugar donde era bien recibido: en el ámbito de la conciencia individual. El cambio había sido paulatino y en absoluto impuesto; parecía que sin necesidad de duros enfrentamientos dialécticos, como ocurriera en la historia terráquea en su siglo XVIII.

Una vez elaborado su informe, centró nuevamente su atención en el proyecto que dirigía en esos momentos. Se trataba de la construcción de una nave de exploración permanente, no tripulada y basada en técnicas de inteligencia artificial; toda la nave en su conjunto, sería un inmenso robot, impulsado por plasma como combustible, combinado con energía fotónica, recibida de las distintas fuentes de luz que encontraría en su interminable viaje. La nave robotizada, informaría por radio de forma continua a los enormes receptores de radio instalados en el planeta. El viaje, tendría una duración ilimitada, que trascendería la duración de las generaciones sucesivas. Inevitablemente, pensó en el concepto de eternidad, tan anhelado por sus ancestros terrestres.

Fen Xi, comprendía muy bien el concepto de "ciclo de vida", debido a su formación en astrobiología y en ingeniería de sistemas. En un plazo aproximado de tres mil millones de años, la Vía Láctea colisionaría con su estrella más cercana, Alfa Centauri, perteneciente a la constelación de Centauro. El sistema solar quedaría destruido por completo, originándose un nuevo ciclo de nacimientos estelares. Pensó en la futilidad del pensamiento futuro; solo existía el presente y el pasado servía únicamente, para aprender y no repetir errores. Con todo, no pudo dejar de plantearse el propio final del universo conocido; en un plazo de tiempo, incapaz de ser imaginado por la mente humana debido a su dimensión, que podía expresarse matemáticamente, por un logaritmo con base 10 y un exponente formado por 90 ceros, la energía que posibilitaba la existencia del universo, se apagaría definitivamente. Pensó, "¿Qué sucedería entonces?". Al momento, experimentó una fuerte impresión, debido a que su mente recordó un pasaje proveniente de la tradición Abrahámica, que se encontraba en el libro del Génesis, perteneciente al Cristianismo más antiguo: "¡¡Hágase la luz!!… y la luz fue hecha".

Fuentes y Referencias Bibliográficas

Documentales

- Moore, M. "¿Qué invadimos ahora?". RTVE/Documentales. Emitido en Julio de 2020.

Fuentes Institucionales

- Quanta Magazine. https://www.quantamagazine.org

- Santa Fe Institute. https://www.santafe.edu

- The Mars Society. https://www.marssociety.org

- World Economic Forum. https://www.wforum.org

Periódicos y Revistas

- Diario El País. Distintas Ediciones. https://elpais.com

- Scientific American. https://www.scientificamerican.com/espanol

Artículos y Libros Escritos

- Aikin Araluce, O. (2018). "El poder en la era de la transnacionalidad o las construcciones del poder". InterNaciones. Año 5, núm. 14, Mayo-septiembre 2018, 113.

- Alamar, F. (2020). "Creadores de Dioses: El Mito Posthumano". https://www.amazon.es

- Al-Rodhan, N. (2019). "Neurofilosofía de la naturaleza humana: egoísmo emocional amoral y los cinco factores motivacionales del ser humano". Geneva Centre for Security Policy . Ginebra, Suiza.

- Arnold, M. "Teoría de Sistemas y Sociología: Los desafíos epistemológicos del constructivismo". http://www.revistassociales.cl.

- Barbero Briones, S. (2017). "La Cultura Dialógica de la Ciencia".THÉMATA. Revista de Filosofía Nº 57, enero-junio (2018) pp.: 155-172. ISSN: 0212-8365 e-ISSN: 2253-900X doi: 10.12795/themata.2018.i57.9.

- Barros, C. (2018). "Los Fines de la Historia en el Siglo XXI". Historia Actual Online, 45 (1), 2018: 147-155 ISSN: 1696-2060.

- Cabo Salvador, J. (2017). "Conferencia Magistral sobre el impacto de la U-Health, Inteligencia Artificial, Robótica y Nanotecnología en la Medicina y el Derecho". XXIV Congreso de Derecho Sanitario. Madrid, 19, 20 y 21 de octubre de 2017.

- Cantarazo, G. (2019). "¿Cómo leer el neoliberalismo contemporáneo?. Revista Argumentos, n.º 21, Buenos Aires.

- Chaparro Guevara, G. (2008). "No linealidad, complejidad y sistemas sociales". Revista antropol.sociol. No. 10, Enero - Diciembre 2008, págs. 197 – 219.

- Comisión Económica para América Latina y el Caribe (CEPAL). (2018). Proyecto de Programa de la CEPAL 2020. , 34 ª Sesión de Trabajo, La Habana, Cuba, 2018.

- Dávilo, B. (2017). "Michel Foucault y la genealogía del sujeto moderno: gobierno, libertad, verdad de sí". Res Publica. Revista de Historia de las Ideas Políticas ISSN: 1576-4184.

- Dávila, L. F. (2018) "La artesanía del orden social," Gobernar: The Journal of Latin American Public Policy and Governance: Vol. 2 : Iss. 1 , Article 8.

- De Sousa Santos, B. (2010). "Descolonizar el Saber, Reinventar el Poder". Ediciones Trilce: Montevideo.

- (2002). EL OTRO DERECHO, número 28. Julio de 2002. ILSA, Bogotá D.C., Colombia.

- Díaz Álvarez, C. J., Montero Ocampo, A. N. (2019). "LA COMPLEJIDAD ¿ENTRE LA DICOTOMÍA DE PENSAMIENTO Y EL MÉTODO?. universciencia - año 17 - núm. 50 - 2019 - issn 1665-6830.

- Eichengreen, B. (2018) "La última década y el futuro de la economía global", en ¿Hacia una nueva Ilustración? Una década trascendente, Madrid: BBVA.

- Haye, A., Pablo Herraz, E. C, Morales, R. , Torres-Sahli, M. y Villarroel, M. (2018). "Tiempo y memoria: sobre la mediación narrativa de la subjetividad histórica". Revista de Estudios Sociales 65: 22-35.
https://doi.org/10.7440.res65.2018.03

- Hendel, V. (2018). "Los modos de la mirada. Aportes para una epistemología crítica de la observación en la investigación social". De Prácticas y discursos Universidad Nacional del Nordeste Centro de Estudios Sociales | Año 7, Número 9, 2018, Marzo | ISSN 2250-6942.

- Huertas Barrientos, A. (2014). "Modelación y Simulación de Sistemas Complejos basada en Agentes" en el Cuarto Seminario "Pensamiento Sistémico y Análisis de Sistemas". México.

- González, F. (2018). "Neoliberalización y Ciudadanía(s) en el Sur Global.
https://www.researchgate.net/publicación/325607886.

- Leetoy, S., Zavala-Scherer, D. y Sierra, F. (2019). "Tecnopolítica y ciudadanía digital". Comunicación y Sociedad, 2019, e7146, pp. 1-22.

- López Romero, M. (2015). "Bienvenidos a la Era Posthumana". 21 Revista Cristiana de Hoy, n.º 989.

- Martín Gago, J. A. (2003). "¿Se pueden ver los átomos?: De la entelequia a la realidad". Apuntes de Ciencia y Tecnología, n.º 6, Marzo de 2003.

- Noboa, A. (2018). "Pensamiento Sistémico, Complejidad y Ciencias Sociales: Las bases epistemológicas de las metodologías participativas". De Prácticas y discursos Universidad Nacional del Nordeste Centro de Estudios Sociales | Año 7, Número 9, 2018 (Marzo) | ISSN 2250-6942.

- Padilla Sanabria, L. X. (). "El fin del Estado del Bienestar Social: Las Políticas Públicas en el Estado Necroliberal".

Ciencia Jurídica Universidad de Guanajuato División de Derecho, Política y Gobierno Departamento de Derecho Año 7, núm. 13 P. 143.

- Pablo de Jesús Castro H. (2016). "Evolución de la Sociología. Futuro e historia". Revista de Museología KÓOT, 2016 Año 6, n.º 7, ISSN 2078-0664, ISSNE 2378-0664.

- Panov, A. (2015). "Crisis sistémica de la civilización como singularidad de la historia y posible rol del programa SETI en el desarrollo postcrisis".
https://www.researchgate.net/publication/267240323.

- Pérez Álvarez, J. (2018). "Por una historia de (hacia) el futuro". Historia Actual Online, 45 (1), 2018: 157-169 ISSN: 1696-2060.

- Pertuz Martínez, A. (). "La política en la civilización capitalista". Revista Pensamiento Gerencial - ISSN 2346-3384 .

- Sabriego, J. (2018). "Recientes Movimientos Sociales Globales y tecnopolítica desde las Epistemologías del Sur". Pensamiento al margen. Revista digital. Nº8, 2018. ISSN 2386-6098. http:// www.pensamientoalmargen.com

- Sahuquillo, J. (2014). La sumisión a la excepción permanente: Debate con Antonio Valdecantos sobre el futuro de la política. Res Publica. Revista de Historia de las Ideas Políticas ISSN: 1576-4184.

- Sancho Caparrini, F. (2018). "Investigación: Sistemas Complejos. Revista Investigación Red Científica.
http://www.redcientifica.com

- Secretaría General Iberoamericana. (2018). "La Cooperación Sur-Sur y Triangular en los escenarios globales y regionales 2012-2016". Programa Iberoamericano para el Fortalecimiento de la Cooperación Sur-Sur.

- Technoprog, A. (2018). "¿Pourquoi le transhumanisme?". Review of Institute for Ethics and Emerging Technologies.

- Terrones, A. (2018). "Transhumanismo y ética de la responsabilidad". Revista Resonancias No. 4, 2018.

- Useche, O. and Inés Pérez, C. "Pensamiento crítico y sociedades en movimiento. Las tempranas resistencias obreras como apertura de lo posible".https://www.jstor.org/stable/j.ctvn5tzs8.21.

- Vélez Rol, D. (2018). "La Crisis de la Democracia y sus antídotos" (Editorial). analecta polit. | Vol. 8 | No. 14 | PP. 7-16 | enero-junio | 2018 | ISSN: 2027-7458 | Medellín- Colombia http://dx.doi.org/10.18566/apolit.v8n14.a01.

- Villota Hurtado, O. (2019). "Como la inteligencia artificial altera el paisaje de las seguridades". Revista Conjeturas Sociológicas. N.º Mayo-Agosto, 2019.